정체성의 심리학

일러두기

1. 단행본은《 》로, 시, 영화, 드라마, 방송 프로그램, 노래 등은 〈 〉로 묶었다.

2. 인명, 작품명 등의 외국어와 외래어는 국립국어원 외래어표기법에 따르되 몇몇 경우는 관용적 표현을 따랐다.

3. 본문에서 소개되는 예시들은 저자의 연구에 참여했던 참여자(모두 가명으로 제시)들의 글이며, 설명을 위해 몇몇 가상의 인물도 포함되었다.

정체성의 심리학

박선웅(고려대 심리학과 교수) 지음

21세기북스

얼굴만으로도 수백만 관객은 동원할 수 있는 배우, 이색적인 볼거리를 제공하는 해외 로케이션, 수백억 원에 달하는 제작비. 흥행에 필요한 많은 요소를 갖추고도 막상 흥행에 참패하는 영화들의 공통된 특징은 하나, 줄거리가 엉성하다는 것이다. 관객은 묻는다. "도대체 영화의 주제가 뭐야? 영화가 말하고자 하는 것이 뭐냐고?" 명배우와 화려한 볼거리가 있어도 부실한 줄거리에 대한 실망감은 다스리기가 어렵다. 좋은 이야기는 좋은 영화의 알맹이다.

그런데 90분짜리 영화를 보면서도 영화의 주제가 무엇인지, 도대체 영화가 말하고 싶은 것이 무엇인지 묻는 사람들이 90년짜리 인생을 사는 자기 자신에게는 얼마나 자주 이런 질문을 던질까? 한평생 살면서 써나가고 싶은 자기 인생의 줄거리는 무엇인지, 자신의 삶을 통해 자신이 아끼는 주변 사람들에게, 나아가 이 세상에 말하고 싶은 인생은 무엇인지 묻고는 있을까? 호랑이는 죽어 가죽을 남기고 사람은 죽어 이름을 남긴다지만, 사람이 죽어 남기고 싶은 것은 정확하게 말하자면 이름이 아니라 자신이 어떻게 살았는지에 대한 이야기이다. 사람들에게 회자될 이야기가 없는 이름은 허망할 뿐이다.

정체성을 찾는다는 것은 껍데기 안에 감춰진 자신의 알맹이를 찾는 것이다. 빠르게 흘러가는 세상 속에서 우리는 남들을, 또 우리 자신을 껍데기를 통해 평가하고는 한다. 하지만, 알맹이를 지키기 위해 껍데기가 있는 것이지 껍데기를 걸어놓기 위해 알맹이가 있는 것은 아니다. 좋은 삶을 살기 위해 학교와 직장도 다니는 것이지 명문 대학교에 입학하기 위해, 대기업에 취직하기 위해 사는 것이 아니다. 나는 이 책을 통해 정체성을 찾는 방법, 즉 자신의 알맹이를 찾는 방법이 인생 이야기를 쓰는 것이라는 다소 생소하고 엉뚱한, 하지만 진실된 주장을 하고자 한다. 모든 사람은 자기만의 인생 이야기를 가지고 있고 그 이야기 속에서 우리는 모두 주인공이다. 이 책을 다 읽고 덮었을 때 독자 여러분 역시 이에 공감할 수 있기를 간절히 원한다.

이 책에는 우리와 같은 곳에서 같은 시대를 살아가는 사람들의 인생 이야기가 여럿 담겨 있다. 때로 누군가에게서 받을 수 있는 가장 큰 위로는 그 어떤 따스한 말이 아니라 이 세상에 나와 비슷한 상황에 처한, 나와 비슷한 경험을 하는 사람들이 또 있다는 것을 알게 되는 것이다. 이 책에서 소개되는 인생 이야기가 독자 여러분께 그런 위로가 되었으면 한다. 내 연구에 참여했던 사람들의 인생 이야기를 읽는 것은 연구자로서는 너무나도 흥미진진했지만, 다른 한편으로는 남의 인생을 몰래 엿보는 듯한 느낌이 들어 미안한 마음이 들기도 했다. 이 자리를 빌려 진솔한 인생 이야기를 제공해준 익명의 참여자들에게 고개 숙여 감사드린다.

21세기북스의 최연순 본부장님, 최유진 PM님은 책은 내가 쓰는 것이지만 나 혼자 쓰는 것은 아님을 깨닫게 해주셨다. 이분들의 책에 대한 애정과 전문가로서의 노련함 덕분에 책이 나올 수 있었기에 깊은 감사를 드린다. 내 인생의 전반부에 좋은 인생 이야기를 만들어준 부모님과 두 누나, 또 내 인생의 후반부를 아름답게 채워주고 있는 사랑하는 아내와 딸에게도 감사의 마음을 전한다.

1장

'진짜 나'는 어디에?

살면서 누릴 수 있는 최고의 특권은
진정한 자신이 되는 것이다.

- 칼 구스타프 융 -

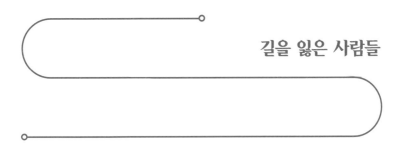

길을 잃은 사람들

나는 누구인가? 나는 어디에서 와서 어디로 가는가? 나는 무엇을 위해 살고 있는가? 내 삶의 의미는 무엇인가? 웬만한 사람이라면 살면서 한 번쯤은 자기 자신에게 던졌을 법한 질문들이다. 아마 오늘 퇴근 길에도 많은 사람들이 버스와 지하철에서 부대끼며 도대체 무엇을 위해 이 회사를 다니고 있는 걸까, 한숨 섞인 질문을 던졌을 것이다.

문제는 이러한 질문에 대한 답을 갖고 있는 사람들이 많지 않다는 것이다. 우리는 바쁘다. 중학생은 좋은 고등학교에 진학하느라 바쁘고, 고등학생들은 좋은 대학교에 가느라 바쁘고, 대학생들은 좋은 직장을 얻느라 바쁘고, 직장인들은 자신의 밥줄을 놓치지 않으려고 일하느라 바쁘다. 그래서 어느 순간 얼핏 그런 질문이 떠올라도 미처 답을 찾기 전에 누군가 마련해놓은 자신의 목표를 향해 다시 걸음을 재촉하게 마련이다.

한국인의 이런 자화상은 숫자로도 적나라하게 드러난다. 심리학자 제임스 마샤James Marcia는 누군가의 정체성이 어떤 상태에 있는지 판단하기 위해서는 두 가지 요소를 살펴봐야 한다고 주장했다. 첫째, 자신이 어떤 사람이고 자신에게 중요한 것이 무엇인지에 대해 여러 가능성을 열어놓고 탐색했는가. 둘째, 자신이 어떤 사람인지에 대한 나름의 신념을 갖고 있는가.

이 두 요소, 즉 탐색과 신념의 여부에 따라 네 가지 정체성 상태가 존재할 수 있다. 정체성 획득은 자신이 어떤 사람인지 탐색한 끝에 그에 대한 답을 찾아 이제 자신이 어떤 사람이라는 신념 체계를 갖춘 상태이다. 정체성 유예는 자신에 대한 탐색이 활발히 진행되고는 있으나 자신이 어떤 사람인지에 대해 아직 이렇다 할 신념이 없는 상태이다. 정체성 폐쇄는 자신에 대한 탐색은 진행되지 않았으나 주로 부모님이나 선생님 등 주변 사람의 영향으로 자신이 어떤 사람이라는 신념을 마련한 상태이다. 마지막으로, 정체성 혼미는 아직 자신에 대한 탐색도 하지 않았고 신념도 없는 상태이다.

자료 출처	참여자 국적	나이	정체성 상태 (%)				
			획득	유예	폐쇄	혼미	계
사회정신건강연구소 (2007)	한국	20대	7	2	66	25	100
Meilman (1979)	미국	24세	56	12	8	24	100
Whitbourne & Tesch (1985)	미국	24~27세	27	6	22	45	100
Prager (1986)	미국	21~22세	41	22	5	32	100

위 표는 정체성 형성이 큰 이슈가 되는 이십대를 상대로 정체성 상태를 연구한 결과물이다. 비록 연구가 실행된 시기나 참여자들의 교육 수준 등이 정확히 일치하지는 않지만, 이것이 말하는 바는 명확하다. 미국에 비해 한국에서는 정체성 획득 상태에 있는 사람이 현저히 적고 정체성 폐쇄 상태에 있는 사람은 현저히 많다는 것이다. 무려 91퍼센트에 해당하는 한국의 이십대들이 정체성 폐쇄나 혼미 상태에 있다.

'나'로 사는 것이 중요한 시대

하지만, 이제 한국 사회는 정체성이라는 화두에 대해 진지하게 고민할 준비가 되어 있는 것 같다. 아니 이미 고민하기 시작한 것 같다. 이는 지난 수년간 베스트셀러였던 책들의 제목을 통해서도 쉽게 알 수 있다. 이 책을 쓰고 있는 시점에서 출판계의 역대급 불황에도 불구하고 무려 200쇄를 훌쩍 넘기며 1년 넘게 베스트셀러 상위권 자리를 지키고 있는 책은 《나는 나로 살기로 했다》이다. 이보다 더 정체성을 잘 드러내는 선언이 또 있으랴.

이보다 앞서 몇 년 전 한국 역사상 최장 기간 동안 베스트셀러 1위 자리를 차지했던 책은 《미움받을 용기》였다. 자신이 자신으로 살기 위해, 부모 혹은 사회가 분칠해서 세상이라는 무대에 올려놓은 배우가 아니라 자신으로 살기 위해 가장 필요한 것이 바로 자신에게 기대를 걸고 있는 사람들에게 미움받을 용기를 내는 것이다. 실제로 《나는 나로 살기로 했다》의 지은이 김수현은 이십대 중반을 지나던 어느 날 밥을 먹다 불쑥 부모님께 "나한테는 기대를 버리고 하숙생이라 생각해요"라고 말했다고 하는데, 김수현에게는 아마도 이 순간이 미움받을 용기를 냈던 순간이었을 것이다.

이보다 앞서 베스트셀러였던 책이 《멈추면, 비로소 보이는 것들》이었다. 일제강점기와 6·25전쟁 이후 무너졌던 나라를 재건하면서 한국 사람들은 빨리빨리 더 높은 곳만을 향해 달려서 여기까지 왔다. 어느 방향으로 갈지는 이미 정해져 있었다. 가난에서 벗어나 배부르고 등 따습게 사는 게 무엇보다 중요했으니까. 이를 위해 가열차게 노력한 결과 실제로 우리는 '한강의 기적'이라 불리는 눈부신 경제성장을 이룩하였다. 한참을 그렇게 달려 가쁜 숨을 몰아쉬며 잠시 멈추어 생각해보니 문득 궁금해진다. 그런데 왜 나는 이토록 높은 곳을 향해 달리기만 하는 거지? 멋진 빌딩들이 들어서고, 거리에는 고급 승용차들이 즐비하고, 맛있는 먹거리들이 넘쳐나는데 왜 내 영혼은 말라비틀어진 거지?

앞만 보고 달려가던, 남들이 던져준 목표만을 보고 달려가던 사람들에게 결정적인 충격을 준 것이 바로 '헬조선'이라는 말로 대표되는 한국 사회의 참담한 현실일 것이다. 예전에는 그래도 어쨌든 빨리 빨리 남들 사는 대로 열심히 살기만 하면 그럭저럭 살 만했는데, 이제는 아무리 달리고 달려도 출구가 보이지 않는 터널 속에 있는 것이다. 결국 더 이상 이런 삶을 살 수는 없다며 사람들이 용기를 내서 행동에 나서고 있다. 단적인 예가 하완이다. 하완은 더 늦기 전에 애써 무언가를 하지 않고 좀 쉬어가며 살기 위해 회사를 그만두고 《하마터면 열심히 살 뻔했다》를 썼다.

이렇게까지 극적인 경우가 아니더라도 포털 사이트를 보면 잘나가는 직장을 그만두고 자신이 원하는 삶을 사는 사람들의 이야기가 하루가 멀다 하고 등장한다. 연세대학교를 졸업하고 다국적기업과 LG전자에서 일했던 손은정은 쳇바퀴 같은 삶을 살다가 어느 순간 삶의 의미가 무엇인지, 사람들은 왜 사는지와 같은 질문에 이르자 사표를 내고 이제는 꽃집 '수다 F.A.T'을 열고 플로리스트로 살아가고 있다. 스무 살 고등학교 졸업생 신분으로 내로라하는 금융 공기업에 취직, 스물네 살에 연봉 5천만 원을 받을 정도로 승승장구해 선망의 대상이 되었지만, 퇴사 후 44개국 세계일주를 다녀오고 늦깎이 대학생으로 살고 있는 '꼬맹이 여행자' 장영은은 여행을 통해 진짜 자신을 되찾고 주체적으로 삶을 꾸려가는 지금이 더 행복하다고 말한다.

이런 사람들의 특징은 자신의 정체성을 찾았다는 것이다. 물론 정체성을 찾는 과정이 항상 이렇게 극단적일 필요는 없다. 어려서부터 많은 경험을 하고 자신을 돌아볼 기회가 많았던 사람들은 삶의 평범한 과정 속에서 충분히 정체성을 찾을 수 있다. 하지만, 모든 사람들에게 학업 성적과 경제적 성공이라는 획일적인 잣대를 들이대어 평가하는 오늘날 한국 사회에서 정체성을 찾는 데는 많은 고민과 용기가 필요하다. 이제 우리도 자신의 정체성에 눈을 떠야 할 때이다.

정체성이란 무엇인가?

정체성이란 자신에게 중요한 것이 무엇이고 자신에게 의미 있는 일이 무엇인지를 이해하고, 이를 바탕으로 삶의 방향에 대해 결단을 내린 정도를 의미한다. 어떤 일을 하는지는 정체성에 있어서 중요하지만, 그렇다고 정체성이 꼭 직업에 관한 것일 필요는 없다. 언제 어디서든 지키고자 하는 삶의 원칙일 수도 있고, 어디에서 무엇을 하든 추구하고 싶은 가치일 수도 있다. 정체성이 잘 형성되어 있는 사람은 다음의 세 가지 특징을 가지고 있다.

첫째, 이들은 영혼의 엑스레이 사진을 가지고 있다. 자신에게 무엇이 정말 중요하고, 자신이 행복한 순간은 언제이고, 자신의 삶에 가치와 의미를 부여하는 것은 무엇인지 알고 있다는 것이다. 한국에서 정규 교육을 받은 사람들이 어려워하는 부분이 바로 이 부분이다. 소위 사회에서 성공했다는 유명인사들이 젊은이들에게 하는 조언 중의 하나가 사회나 부모가 원하는 일이 아니라, 자신이 원하는 일을 하라는 것, 자신의 가슴을 뛰게 하는 일에 뛰어들라는 것이다. 하지만 막상 젊은이들과 얘기를 해보면, 자신들도 정말로 그리고 싶은데 정작 그 일이 무엇인지 모르겠다는 말을 많이 한다. 공부만 하느라 자신의 영혼을 제대로 들여다보지 못한 것이다.

둘째, 자신의 목적지가 찍힌 내비게이션을 가지고 있다. 즉 자기 자신을 이해하고 어떤 삶을 살 것인지에 대한 결정을 상당 부분 내렸다는 것이다. 물론 살다 보면 예기치 못한 일들이 터지고, 실수로 잘못된 길로 접어들기도 하고, 삶에 지쳐 쉬어가야 할 일이 생기기도 한다. 하지만, 가야 할 도착지가 어디인지 알고 있기만 하다면 결국 가기로 한 곳에 도착할 수 있다.

셋째, 삶에 대한 지침, 가치판단의 기준을 가지고 있다. 이들은 자신의 특성뿐만 아니라, 삶에서 이루고자 하는 것에 대해 잘 알고 있기 때문에 어떤 상황에서 어떤 결정을 내려야 할지 올바로 판단할 수 있다. 많은 사람들이 원하는 것이 꼭 자신이 원하는 것일 필요는 없고,

다른 사람들이 어리석다고 생각하는 결정이 꼭 나쁜 결정인 것은 아니다. 자신을 알고, 가야 할 곳을 알면 어떤 일에 집중하고 어떤 일은 거절하고 어떤 일은 미뤄둘지에 대한 판단을 내릴 수 있다.

이러한 특징들을 종합해보면, 정체성이 있다는 것은 곧 '내 삶의 주인은 바로 나'임을 천명하는 것이다. 그런데 생각해보면 자기 삶의 주인은 어차피 자신일 수밖에 없다. 누구 때문에, 무엇 때문에 어떤 선택을 했는지와 상관없이 선택을 통해 느끼는 기쁨과 행복, 좌절과 슬픔 모두 결국 각자가 감당할 몫이기 때문이다. 자신에 대한 이해를 바탕으로 어떻게 살아야 할지에 대해 결정하고 이로 인한 결과를 받아들이게 되면, 그만큼 더 자신에 대한 이해는 깊어지고 다음번에는 더 좋은 선택을 할 수 있게 된다. 정체성이란 이러한 과정을 자신의 삶에 심어놓음으로써 자유로운 선택을 하고 그 책임 또한 받아들이는 진정한 삶의 주인으로 살게 해주는 것이다.

내 인생의 큰 돌을 찾아서

어느 시간 관리 전문가가 사람들 앞에서 강연을 하는 중이었다. 이 전문가는 탁자 밑에서 항아리를 꺼내 탁자에 올려놓고는 큰 돌을 꺼내 항아리 속에 하나씩 넣기 시작했다. 항아리에 돌이 가득 차자 그는 항아리가 가득 찼는지 청중에게 물었다. 청중들이 그렇다고 대답하자 그는 탁자 밑에서 조그마한 자갈을 꺼내서 항아리에 채워 넣기 시작했다. 큰 돌들 사이로 조그만 자갈이 가득 차자 다시 항아리가 가득 찼는지 물었다. 대답 없는 청중들의 의심 섞인 눈초리는 아랑곳하지 않고 이제 모래로 항아리를 가득 채우고, 주전자를 꺼내 항아리에 물을 부었다. 항아리에 물이 가득 차자 그가 청중들에게 이 실험의 의미가 무엇인지 물었다. 한 사람이 손을 들고 아무리 바쁘더라도 노력하면 더 많은 일을 할 수 있다는 뜻이라고 대답했다. 이에 시간 관리 전문가는 이렇게 말했다. "그것이 요점이 아닙니다. 이 실험이 우리에게 주는 의미는 만약 큰 돌을 먼저 넣지 않는다면, 영원히 큰 돌을 넣지 못한다는 것입니다."

나는 이 실험이 정체성이 중요한 이유를 명확하게 짚어내고 있다고 생각한다. 만약 인간이 전혀 일하지 않고도 풍족하게 먹고살 수 있으며 죽지 않고 영원히 건강하게 살 수 있는 존재라면, 정체성은 큰 문제가 되지 않을 것이다. 그냥 계속해서 자기가 살아보고 싶은 방식으로 살다 보면, 언젠가 특히 더 마음에 드는 삶의 방식을 알게 될 것이기 때문이다. 시행착오가 많아도 큰 문제는 없다. 죽지 않고 영원히 사니까.

하지만, 이 세상의 자원은 한정되어 있고, 특히 각 개인이 사용할 수 있는 자원은 더욱 제한되어 있다. 그래서 우리는 일을 해야만, 우리의 시간과 노력을 투입해야만 우리 삶에 필요한 자원을 얻을 수 있다. 성인이 되어서 은퇴할 때까지 보통 하루에 최소 여덟 시간 일을 하는데, 여기에 출퇴근 시간을 합쳐 셈을 해보면 우리 삶의 3분의 1은 일에 사용된다는 결론이 나온다. 보통 여덟 시간 정도는 잠을 자는 데 쓰이니 일반적인 성인들의 경우 깨어 있는 시간의 2분의 1을 일하는 데 사용하는 것이나. 오직 돈을 벌기 위해 자신이 원하지 않는 일을 하는 사람들은 삶의 반을 고통 속에서 보내게 되는 것인데, 그런 삶이 행복하기는 거의 불가능하다.

다시 말하지만 사람이 마지못해 일을 해야 하더라도 죽지 않고 살 수만 있다면 크게 문제 될 것은 없다. 이 일을 몇 년 해보고 안 맞다 싶으면 다른 일을 몇 년 해보는 식으로 살면 되기 때문이다. 언젠가는 자기에게 맞는 일을 찾을 수 있게 될 것이다. 늦어도 상관은 없다. 죽지 않으니까. 하지만, 사람은 죽는다. 돈이 많은 사람도 권력이 많은 사람도 남들과 마찬가지로 하루에 허용된 시간은 24시간이고 남들과 비슷한 나이에 죽는다.

나를 알아도 아는 것이 아닌 이유

앞서 우리나라 사람들은 자신이 누구인지 잘 모른다고 했지만, 실은 사람들은 누구나 자신에 대해 꽤 많은 것을 알고 있다. 자신의 성별과 나이, 누구의 자식이고 어느 학교에 다녔는지, 현재 어디에 소속된 사람인지 등 많은 것을 알고 있다. 문제는 이런 것들을 알아도 자신이 진짜 누구인지 아는 느낌이 들지 않는다는 것이다.

　마찬가지로 자신이 무엇을 좋아하는지에 대해서도 나름 잘 알고 있다. 사람들은 다른 사람으로부터 미움받기보다는 존중받는 것을 더 좋아하고, 일거수일투족을 남에게서 명령받기보다는 충분한 자율성을 누리는 것을 더 좋아하고, 자신이 마음먹은 일을 이루지 못하는 것보다는 이루는 것을 더 좋아한다. 허나 문제는 이런 것들을 알아도 자신이 진짜 무엇을 좋아하는지 아는 느낌이 들지 않는다는 것이다.

이렇게 자신에 대해서 어느 정도 알지만 진짜 자신이 누구인지는 모르는 느낌 간의 차이가 바로 자기개념과 정체성의 차이이다. '나는 누구인가?'라는 질문에 대한 모든 답은 자기개념에 해당하지만, 정체성은 그중 특별한 형태의 답변이다. 심리학 연구에서 종종 사용되는 테스트 중에 '20문장 테스트'가 있는데, 이는 '나는 누구인가?'라는 질문에 대해 '나'로 시작하는 문장을 스무 개 만드는 것이다. 예를 들어, 고등학생 이윤서는 이런 답변을 내놓을 수 있다.

❶ 나는 여자다.

❷ 나는 열일곱 살이다.

❸ 나는 남매 중 동생이다.

❹ 나는 경기도 남양주시에 있는 별내고등학교에 다닌다.

❺ 나는 키가 크다.

❻ 나의 아버지는 목사이다.

❼ 나의 어머니는 피아니스트이다.

❽ 나의 부모님은 내가 음악을 전공하기를 원하신다.

⑨　나는 음악에 큰 재능이 없다.

⑩　나는 수학에 흥미도 재미도 없다.

⑪　나는 대학교에서 생물학을 전공하고 싶다.

⑫　나는 책을 읽고 글을 쓰는 것을 좋아한다.

⑬　나는 친구들이 많지 않다.

⑭　나는 무신론자이다.

⑮　나는 오빠보다는 언니가 있었으면 좋겠다.

⑯　나는 방탄소년단의 팬이다.

⑰　나는 환경보호에 관심이 많다.

⑱　나는 솔직히 여행이 즐겁다기보다는 번거롭다.

⑲　나는 사람들이 많으면 무슨 말을 해야 할지 잘 모르겠다.

⑳　나는 내 삶의 의미가 무엇인지 궁금하다.

　　당연히 이 스무 개의 답변은 이윤서가 가지고 있는 모든 특징을 포함하지는 않는다. 아마도 이 답변들은 이윤서가 자신이 어떤 사람인지를 판단할 때 비교적 중요하다고 생각되는 특징들의 집합일 것이다. 이러한 답변들, 즉 자기 자신에 대해 가지고 있는 신념이나 추론을 심리학에서는 자기개념self-concept이라고 부른다. 하지만, 자기개념이 곧 정체성은 아니고 크게 세 가지 측면에서 정체성과 다른 점이 있다.

나를 그냥 아는 것과
제대로 아는 것의 차이

첫째로 자기개념과 구분되는 정체성의 특징은 우선순위가 정해져 있다는 것이다. 자기개념은 자신이 가지고 있는 특징들에 대한 단순한 나열이기 때문에 어떤 것이 더 중요하고 덜 중요한지에 대한 우선순위가 없다. 예를 들어, 이윤서의 답변을 통해서는 본인이 여자인 것이 자신을 더 자신답게 만드는지, 아니면 독서를 좋아하는 것이 자신을 더 자신답게 만드는지 알 수 없다. 그래서 정체성의 형성 과정은 평면적인 자기개념들이 갈등과 타협, 고뇌와 결단의 과정을 거쳐 더 중요한 것과 덜 중요한 것으로 나뉘는 과정이라 할 수 있다. 그 결과 정체성이 형성된 사람은 자신에게 정말로 중요한 부분이 무엇인지, 또 그것과 다른 부분의 관계는 어떠한지에 대해 상당 부분 결론을 낸 사람이다.

예를 들어, 열일곱 살의 이윤서가 스물두 살이 되었을 때쯤 자신에게 가장 중요한 것은 생물학을 계속해서 공부하는 것이라는 판단을 내렸다고 하자. 아마도 이윤서는 앞으로 생물학과 교수로 살며 여러 생물종들을 보호하기 위해 환경운동에도 힘을 쏟고, 불필요하게 많은 사람들을 만나며 시간을 보내기보다는 내향적인 사람들이 그렇듯 소수의 사람과 친밀한 인간관계를 유지할 것이다. 또, 그리 재미있지 않은 여행에 시간을 쓰기보다는 책을 읽고 글을 쓰는 데 많은 시간을 쏟게 될 것이다. 자신이 가지고 있는 생물학적 지식을 바탕으로 종교에서 삶의 의미를 찾지는 못하더라도, 생명의 신비를 연구하는 데서 삶의 의미를 찾을 것이다.

만약 글쓰기가 자기에게 가장 중요한 일이라고 생각한다면, 이윤서는 작가의 삶을 기획할 것이다. 자신의 관심사인 생물학을 일반인들에게 쉽게 알려주는 글을 쓰고 이런 글을 통해 환경보호의 중요성을 일깨우는 사회운동을 할 수도 있을 것이다. 또, 기독교적 환경에서 태어나고 성장했으나 비기독교적인 사상을 공부하면서 생긴 갈등을 소설로 풀어낸 니코스 카잔차키스처럼 자신의 사상적 갈등을 멋진 글로 풀어낼 수도 있을 것이다. 또 방탄소년단의 팬으로서 이윤서는 세계 음악 무대에서 변방이었던 한국 출신 아이돌 그룹 방탄소년단이 어떻게 세계적으로 성공할 수 있었는지를 분석하는 글을 쓸 수도 있다.

하지만, 자기개념이 정체성으로 탈바꿈하는 일이 반드시 기존 자기개념들의 우선순위를 설정하는 것을 통해서만 일어나는 것은 아니다. 자기개념들의 특별한 융합이 전혀 새로운 영역을 창출해낼 수도 있기 때문이다. 나는 이 과정이 잘 나타나 있는 것이 2007년 스티브 잡스가 아이폰을 세상에 내놓으며 했던 발표라고 생각한다. 이제 10년도 더 지난 이 발표는 여전히 인터넷에서 많은 사람들에 의해 전설로 칭송받고 있고, 무엇 때문에 이 발표가 특별한지를 분석한 글도 헤아릴 수 없을 정도로 많다. 이 발표에서 잡스는 애플은 지금껏 세상을 바꾼 제품들을 여럿 만들어냈고, 이제 그런 혁신적인 제품을 세 개나 선보일 것이라며 이렇게 말한다.

"첫째는 손가락으로 조작할 수 있는 넓은 화면의 아이팟입니다. 둘째는 혁명적인 휴대전화입니다. 마지막 셋째는 획기적인 인터넷 통신기기입니다. 다시 말하지만, 세 가지입니다. 손가락으로 조작할 수 있는 넓은 화면의 아이팟, 혁명적인 휴대전화, 획기적인 인터넷 통신기기. 아이팟, 전화, 인터넷 통신기기. 아이팟, 전화… (관중들의 환호) 감이 오시나요? 이들은 세 개의 독립적인 장치가 아닙니다. 이건 하나의 장치입니다. 그리고 우리는 이를 아이폰이라 부릅니다."

여기서 아이팟, 전화, 인터넷 통신기기는 아이폰을 아이폰으로 만드는 중요한 특징들이라는 면에서 자기개념과 유사하다고 할 수 있다. 하지만, 그것들 각각은 아이폰이 아니다. 세 가지 개별 장치를 고무줄로 서로 묶어놓는다고 해도 그것은 아이폰이 아니다. 아이폰은 그 셋이 융합됨으로써 창출되는 새로운 무엇이기 때문이다. 잡스는 이 발표를 통해 아이폰이라는 새로운 기계에 고유한 정체성을 불어넣었다. 이 발표가 뛰어난 이유는 여러 가지가 있겠지만, 정체성을 연구하는 심리학자로서 나는 관중들로 하여금 하나의 사물이 정체성을 획득하는 순간을 체험하게 했기 때문이라는 점도 지적하고 싶다.

다음으로 정체성이 자기개념과 구분되는 특징은 조화와 일관성에 있다. 이러한 조화가 가능한 이유는 자신에게 더 중요한 것이 무엇인지를 이미 판단했기 때문이다. 이윤서가 하고 싶은 일을 하고 사는 것과 주변 사람과 넓은 관계를 유지하며 사는 것 중 무엇이 더 중요한지 결정하지 않았다면, 생물학 관련 글을 쓰고자 하는 마음과 많은 친구를 사귀고 싶은 마음은 서로 충돌할 것이다. 하지만, 생물학자로서의 길을 걷기로 마음먹었다면 넓은 인간관계는 그리 중요하지 않게 될 것이고, 신에게 귀의하기를 원하는 부모님을 대하기도 조금은 더 쉬워질 것이다. 궁극적으로 앞에서 언급한 것처럼, 생물학에 대한 관심과 글쓰기, 환경보호, 무신론, 학자로서의 삶이 조화와 질서를 이루어 이윤서의 삶을 기둥처럼 떠받치게 될 것이다.

내가 보스틴에서 유학할 때 '보스턴산악회'라는 모임에서 활동을 했었는데 그때 만난 지인이 있다. 이 친구는 미국의 명문 주립대학교인 미시간 대학교에서 생물학과 미술을 전공했고, 이후 하버드 대학교 뇌과학과에 박사과정 학생으로 입학했다. 하버드 대학교의 뇌과학과 박사과정 학생. 하버드라는 이름으로, 뇌과학이라는 분야로, 그것도 학부생도 아닌 박사과정 학생으로 있었던, 아마도 논문 몇 편 쓰고 졸업만 하면 꽃길을 걸을 수 있을 것 같았던 이 친구는 하지만 전혀 행복하지 않았다. 늦은 시간 연구실에서 뇌를 들여다보는 것이 너무 싫어 눈물이 난다고 말하기도 했다. 미술로 유명한 인근 대학교의 석사과정 학생으로 들어갈 생각도 했었다.

정체성 문제로 고뇌하던 이 친구에게 구원의 손길을 내민 것은 모교인 미시간 대학교였다. 박사후과정으로 입학하면 3년 동안 연구비를 지원해주기로 했는데, 그 요구 사항이 뇌과학에 대한 지식을 미술로 표현하는 것이었다! 미술을 좋아하고 뇌과학을 전공했다는 자기개념, 웬만해서는 조화를 이루기 어려운 두 자기개념 사이에서 갈등했던 이 친구에게 두 가지가 조화롭게 융합된 정체성은 그렇게 찾아왔다.

마지막으로, 정체성은 삶의 의미와 방향성을 포함한다. 정체성은 자신에게 정말 중요한 가치가 무엇인지에 대한 답이기 때문에 정체성을 형성한 사람은 그 방향으로 자신의 삶을 이끌어갈 것이고, 그 삶의 여정 자체에서 의미를 찾을 것이다. 또, 자신에게 주어진 길을 제대로 걷고 있다는 자기 확신 역시 가지고 있다. 그래서 '나는 내가 무엇을 하고 싶은지 모르는 사람이다'와 같은 답변은 자기개념이 될 수는 있어도 정체성은 될 수 없다.

심리학자 최인철은 《프레임》에서 한 환경미화원에 대한 일화를 소개한다. 하루 종일 지저분한 쓰레기를 치우는 유쾌하지 않은 일을 하는데도 이 사람의 표정은 항상 밝았다. 누군가 이 환경미화원에게 어떻게 항상 행복한 표정을 지을 수 있는지 묻자, 그는 이렇게 대답했다. "나는 지금 지구의 한 모퉁이를 청소하고 있다네!" 자신이 하는 일에 의미를 부여한 것이다. 단순히 돈을 벌기 위한 수단으로 청소를 하는 사람에게 환경미화원은 자기개념에 지나지 않겠지만, 지구를 아름답게 하는 일로 여기는 사람에게는 정체성이 되는 것이다.

《프레임》에서 소개하는 이 일화 속의 주인공이 실존 인물인지 아닌지 언급되어 있지는 않지만, 실제로 일본에서 이와 비슷한 마음으로 청소 일을 하는 사람이 있다. 《세상에서 가장 행복한 청소부》라는 책을 쓴 니이츠 하루코는 2차 세계대전 당시 중국에 잔류한 일본인의 자식으로 태어나 중국에서 생활하다가 열일곱 살에 일본으로 건너갔다. 일본어를 하지 못해 말을 별로 하지 않아도 되는 청소 일을 시작해 30년 가까이 청소 일을 하고 있다. 현재 하네다 공항에서 일하고 있는 그녀는 1997년 '전국 빌딩클리닝기능경기대회'에서 최연소로 1위를 차지하기도 하였고, 그녀가 출연한 NHK 다큐멘터리 〈프로페셔널의 조건: 청소의 프로편〉은 2015년 최고 시청률을 기록하기도 했다.

왜 그렇게까지 열심히 청소를 하는지 묻자 하루코는 이렇게 대답했다. "일을 하는 이상 저는 프로잖아요. 프로라면 당연히 그렇게 해야지요. 딱히 누가 뭐라 하는 건 아니지만, 이렇게 청소를 해야만 사방이 온통 깨끗해지고 맑아지는 듯해 행복합니다. 그렇게 정화된 모습을 보면 제 기분까지 좋아지니까요." 나아가 그녀는 누군가에게 인정받기 위해 청소를 하는 것이 아니라고, 고객들이 공항에 와서 참 깨끗하다고 생각하며 기뻐하는 마음만으로 충분하다고 덧붙였다. 하루코에게 청소는 더럽고 피하고 싶은 일이 아니라 자기 자신을 행복하게 하고 고객도 기쁘게 하는, 의미가 가득한 일인 것이다.

나는 하나의 이야기이다

정체성이란 단어는 여러 맥락에서 다양하게 사용된다. 직업 정체성, 성 정체성, 한민족으로서의 정체성, 대한민국 국민으로서의 정체성, 학생으로서의 정체성, 교수로서의 정체성 등 끝이 없다. 하지만, 이 책에서 말하고자 하는 정체성은 각 개인으로서의 정체성이다. 누군가에게는 이러한 여러 정체성 중의 하나가 곧 개인적 정체성과 일치할 수도 있다. 예를 들어, 고려대학교 교수로서의 삶이 내 인생의 99퍼센트라고 한다면 내 정체성은 곧 고려대학교 교수라고 말할 수도 있을 것이다. 하지만, 삶은 그렇게 단면적이지 않고 정체성은 하나의 사회적 역할로 표현되기 어렵다. 그렇다면 자신에게 주어진 사회적 역할과 주변 사람들의 기대를 벗어버린, 날것 그대로의 자신은 어떻게 표현되고 또 경험될까?

한 가지 방법은 형용구가 있는 하나의 문장으로 자신이 어떤 사람인지 묘사하는 것이다. 매일 아침 읽고 싶은 논문을 100쪽씩 출력해서 등교했던 한 학생은 '하고 싶은 연구가 넘쳐서 행복한 사람'이라고 자신을 표현했다. 이 표현에서 한창 머리가 팽팽 돌아가 해보고 싶은 연구 아이디어가 많은 연구자의 모습이 잘 드러난다. 다른 학생은 '하고 싶은 것을 하고 싶을 때 하는 사람'이라는 답변을 내놓았는데, 이를 통해 통통 튀며 자신의 삶을 살아가는 이 학생의 모습을 쉽게 그릴 수 있다. 북한에서 온 다른 학생은 이전에는 '남과 북 사이에 낀 샌드위치'라고 생각했지만, 이제는 '남과 북의 연결고리'라고 생각한다고 대답했다. 작은 표현의 차이지만, 이를 통해 탈북민으로서 여기에도 저기에도 속하지 못했던 열네 살 소녀가 이제 자신의 사명을 찾아 제 갈 길을 가는 성인으로 성장했음을 쉽게 느낄 수 있다.

형용구를 포함하는 한 문장으로도 나름 자신을 잘 표현할 수는 있지만 이를 통해서는 어떤 과정을 통해 그런 자신이 되었는지, 왜 자신을 그렇게 표현하는지 등은 알 수 없다. 예를 들어, '의사가 되어 병을 치료하고 싶은 사람'이라는 답변을 내놓은 아이가 사람들의 병을 치료하는 것에서 큰 삶의 의미를 느껴 의업을 자신의 사명으로 생각하는지, 아니면 부모님이 항상 아픈 사람은 있기 마련이니 의사는 안정된 직업이 될 수 있을 것이라 말해 단순히 하나의 돈벌이 수단으로 삼고 있는지 파악할 수 없다. 자신이 어떤 사람인지 설명하는 말이 앵무새처럼 누군가의 말을 따라 하는 것인지 아니면 자신의 내면으로부터 우러나오는 것인지 알기 위해서는 이야기가 필요하다. 그리고 이렇게 이야기로 표현된 개인의 정체성을 심리학에서는 서사정체성 narrative identity이라고 부른다. 2장에서 이야기로 표현되는 정체성이란 무엇인지 자세히 알아보자.

정체성을 찾는다는 것…

내가 내 안에
숨겨진 진짜 나를
찾는 것

2장

나는 이야기 안에 있다

각 개인은 다른 모든 사람들과 비슷하고,
몇몇 사람들과 비슷하고, 그 누구와도 비슷하지 않다.

- 클라이드 클럭혼과 헨리 머리 -

이야기하는 인간, 호모 나랄스

인간을 묘사하는 표현인 호모 에렉투스, 호모 사피엔스 등의 말을 들어봤을 것이다. 현생인류를 지칭하는 호모 사피엔스, 그보다 앞서 존재했던 호모 에렉투스 등의 용어는 원래 생물학적 종을 구분하는 데 쓰였지만, 최근에는 인간의 고유한 특징을, 즉 인간이라는 종의 정체성을 묘사하는 데에도 많이 사용된다. 대표적으로 놀이하는 인간을 가리키는 호모 루덴스와 도구를 사용하는 인간을 가리키는 호모 파베르 등이 있다.

하지만, 어찌 놀이가 인간만의 활동이랴? 공원에서 주인이 던지는 공을 주워오는 강아지가 '아, 어찌하여 우리 주인은 이렇게 무의미한 일을 나에게 반복적으로 시킨단 말이냐?' 하며 절망하리라고 생각하는 사람은 없을 것이다. 그게 놀이라는 것은 강아지도 안다. 얼마 전 발표된 연구에서는 파나마에 있는 원숭이들이 견과류를 먹기 위해 자주 돌을 이용한다는 사실이 밝혀졌다. 이 때문에 원숭이들이 석기시대에 진입하는 것인가를 둘러싼 논의가 시작되었다.

결국 놀이를 즐기는 것도, 도구를 사용하는 것도 인간만의 특성은 아니라는 것이다. 그래서 위스콘신 대학교 영문학과 교수인 존 나일스John Niles를 비롯한 몇몇 학자들은 인간에게 호모 나란스Homo Narrans라는 이름을 지어주었다. 나란스는 '이야기하다'라는 뜻의 라틴어 나로narro(영어로 내레이트narrate)에서 나온 말이다. 결국 나일스는 호모 나란스라는 이름을 통해 인간의 고유한 특성은 바로 다른 사람에게 자신의 이야기를 들려준다는 것, 이야기를 통해 자신을 표현한다는 것임을 강조하고 있다. 벌이 '8자 춤'을 통해 먹이의 위치를 알려주는 것처럼 다른 생물들도 의사소통 수단이 있을 수는 있으나 분명 그것을 통해 자신의 삶을 이야기하지는 않을 것이다. 이렇게 이야기를 한다는 것이 인간이라는 종의 고유한 특징이라면, 어떤 이야기를 갖고 있는지는 한 개인의 정체성을 가장 잘 드러내는 방법일 수 있다.

실제로 이야기는 자신의 행동에 대한 이유를 설명하는 데 자주 사용된다. 영화 〈택시운전사〉에서 김만섭(송강호 분)은 외국인으로서 광주의 실상을 세상에 알리려는 기자 피터(토마스 크레취만 분)를 도울 용기를 내지 못하고 결국 광주에서 혼자 도망갈 생각을 한다. 그리고는 피터가 알아듣지 못한다는 걸 알면서도 이야기를 시작한다. 자신의 아내가 암으로 죽고 술에 빠져 살던 어느 날 일어나 보니 딸이 아내의 옷을 붙잡고 엄마가 보고 싶어 울고 있었다는, 그 뒤로 술을 끊고 하나뿐인 딸을 지키며 살고 있다는 이야기. 광주에서 벌어지고 있는 사태를 알리는 것이 중요함을 알고 있으면서도 왜 자기가 그 일에 참여하지 못하고 떠나야 하는지를 설명하기 위해 자신의 삶을 이야기하는 것이다. 단지 "나는 이기적인 사람이다. 나는 딸을 지켜야 한다"는 말로는 미처 다 설명할 수 없는 김만섭 자신만의 사정은 이야기를 통해서야 비로소 제대로 전해진다.

이렇게 어떤 결정을 내린 이유 하나를 설명하기 위해서도 이야기가 필요한데, 한 삶을 온전히 드러내려면 자신의 삶에 대한 이야기를 하지 않을 수가 없다. 직업, 가족관계, 재산, 거주지 등으로는 자신이 누구인지를 충분히 설명할 수 없다. 다른 사람에게, 또 자기 자신에게 자신을 제대로 설명하기 위해서는 자신에 대한 이야기를 해야만 한다. 어디서 시작되어 어디서 끝나게 되는지 정확히 알 수는 없지만, 자신에게 중요한 인생 이야기들이 결국 자신이 어떤 사람인지에 대한 가장 좋은 설명, 즉 정체성 그 자체이다.

오늘의 나를 만든 어제의 이야기

인생 이야기란 사람들이 마음속에 지니고 다니는 자신의 삶에 대한 기록이고, 그런 점에서 일종의 자서전이라고도 할 수 있다. 하지만, 자서전이 자신의 행동이나 결정, 그에 따른 사회적 파장 등에 대한 객관적 사실을 많이 다루고 있다는 점을 생각하면, 인생 이야기는 일반적인 자서전이 아니라 소설가 니코스 카잔차키스 자서전의 멋진 번역서 제목처럼 '영혼의 자서전'이라고 할 수 있겠다.

인생 이야기는 사실보다는 해석에 가까워서 단순히 어떠한 사건들이 일어났다는 식의 이야기가 아니다. 그보다는 어떤 사건이 다른 사건에 비해 더 중요한 이유는 무엇인지, 자신에게 어떤 의미를 갖는지, 자신에게 어떤 영향을 끼쳤으며, 나아가 자신의 삶을 어떤 방향으로 이끌어가는지를 둘러싼 이야기이다. 앉은 자리에서 자서전을 한번에 쓸 수 없듯이, 완결된 인생 이야기는 아마도 길고도 복잡할 터이다. 하지만, 책의 한 장을 선택해 읽을 수 있듯이 인생 이야기의 일부를 꺼낼 수 있는데, 이것이 내가 정체성 연구에서 주로 사용하는 방법이다. 나는 참여자들에게 현재 자신의 모습에 이르게 된 결정적인 경험에 대해 자세하게 적어달라고 한다. 이에 대한 글을 쓰기 위해서 참여자들은 두 가지, 즉 현재 자신의 모습은 어떤지 또 무엇이 이러한 모습을 야기했는지를 생각해야 한다.

장교로 군 생활을 한 것으로 보이는 참여자 김승유의 이야기를 예로 들어보자. 김승유는 사령관이 주최하는 중요한 만찬 준비와 관련된 이야기를 적었다. 만찬 장소, 진행 순서, 음식, 내외빈 참석 현황 등 모든 준비가 완벽했지만 사령관 비서실장의 사전 점검에서 모든 것이 무너졌다. 사령관은 '영일만 막걸리'만 마셨던 것이다. 김승유는 사령관이 막걸리를 좋아한다는 것은 사전에 알고 있어 막걸리를 준비했지만, 특정 막걸리만 마신다는 것을 알지 못했다. 만찬을 한 시간 앞두고 포항에서만 만드는 영일만 막걸리를 가져올 수도 없어 김승유는 체념하고 혼날 각오를 하였다.

하지만 비서실장은 달랐다. 비서실장은 우선 사령관 관사에 있는 영일만 막걸리 열 병을 가져왔고, 인근 모든 상점과 식당을 검색해 다섯 병을 더 구했다. 그렇게 구한 막걸리 열다섯 병을 사령관이 앉은 헤드테이블에 놓고, 수행원을 사령관 옆에 배치해 사령관이 어느 테이블로 이동하든 영일만 막걸리를 마실 수 있게 조치했다. 사령관은 만찬이 너무 만족스러워 만찬을 준비했던 사람들에게 금일봉을 내리기도 하였다.

같은 날 이 영일만 막걸리 사태를 겪었던 다른 누군가는 이 객관적인 사실들을 "그냥 아무 막걸리만 마시면 되지, 굳이 영일만 막걸리만 마셔야 하나? 또 그렇다고 해서 그렇게까지 모두가 야단법석을 떨어야 하나? 역시 군대는 구제불능이야"라고 친구들과 술 한잔 하며 짜증 섞인 말투로 이야기할 수도 있었을 것이다. 그리고 이런 이야기는 그 사람의 인생에서 중요한 의미로 맺히지 않고 그냥 하룻밤의 안줏거리로 스쳐 지나갈 것이다. 하지만 어떤 일이 자신에게 큰 울림을 주고, 그로 인해 자신의 삶이 변하게 될 때 그 일에 대한 이야기는 영혼의 자서전에 기록되는 것이다.

김승유는 영일만 막걸리 사건을 통해 어떤 일의 결과가 선택의 순간에 결정되고 돌이킬 수 없는 것처럼 보여도 실제로는 시간의 흐름 속에서 상황을 변화시킬 수 있다는 것을 깨달았다고 적었다. 비록 사전에 정보를 얻지 못한 탓이긴 했지만, 영일만 막걸리가 아닌 다른 막걸리를 선택했을 때 만찬 준비 실패라는 결과를 맞이할 수도 있었다. 하지만 비서실장이 보여준 것처럼 체념하지 않고 그 상황에서 할 수 있는 최대한의 노력을 기울였을 때 다른 결과를 맞이할 수도 있는 것이다.

이러한 인생 이야기를 통해 우리는 김승유가 어떤 사람인지 짐작할 수 있다. 그는 아마도 어제의 선택으로 인해 오늘 힘겹게 살더라도, 포기하지 않고 노력하면 더 나은 내일을 맞이할 수 있다는 믿음으로 하루하루를 살고 있는 사람일 것이다. 그리고 그러한 믿음과 노력이 바로 자신을 자신으로 만드는 가장 큰 원동력이라고 생각하는 사람일 것이다. 이처럼 인생 이야기란 어떤 일에 대한 객관적 사실에 관한 이야기가 아니라 그 사건이 자신에게 어떤 의미로 맺히게 되어 자신의 삶을 이끌어가고 있는지에 대한 이야기이다.

우리가 누군가에 대해 알고 있는 것

우리는 누군가를 알 때 무엇을 아는가? 언뜻 생각하면 물어볼 필요도 없는 너무나도 당연한 질문이지만, 생각하면 할수록 답을 찾기 힘든 질문이다. 우리는 친구를 안다고 할 때, 학교 선후배를 안다고 할 때, 직장 동료를 안다고 할 때 무엇을 아는 것일까? 누군가를 그냥 '좀' 아는 것과 '잘' 아는 것의 차이는 무엇일까?

서사정체성이라는 분야를 창시했다고 해도 과언이 아닌 댄 맥애덤스Dan McAdams에 따르면, 누군가에 대한 지식은 크게 세 가지 영역으로 구분될 수 있다.

첫째 영역은 보통 성격 5요인이라 불리는 '기질적 특성'이다. 성격 5요인은 시대와 지역을 불문하고 사람들의 성격을 묘사하는 데 매우 효과적이기 때문에 엄청나게 많은 연구가 진행되고 있어 성격심리학이라는 분야를 떠받치고 있는 기둥이라고 해도 과언이 아니다.

외향성은 다른 사람들과의 많은 교류를 선호하는 성향을 가리킨다. 외향적인 사람들은 사교적이고 자기주장을 잘하며 평소에 긍정적인 정서를 자주 경험한다. 신경과민성은 감정의 변화가 크고 예민하여 작은 일에도 쉽게 상처받는 성향이다. 우호성은 말 그대로 다른 사람들에게 얼마나 우호적인지를 가리키는데, 우호적인 사람들은 다른 사람을 따뜻하게 대하고 잘 도와주며 공감도 잘한다. 성실성은 자기관리에 능해 맡은 바 책임을 잘 완수하는 성향이다. 성실성이 높은 사람들은 약속도 잘 지키고, 학교와 직장에서 성적이나 업무 성과가 뛰어나다. 마지막으로, 경험에 대한 개방성은 호기심이 많고, 새로운 체험을 즐기고 미적 감수성이 뛰어나며 상상력이 풍부한 성향을 일컫는다. 개방성이 높은 사람은 독창적이고 독립적이며 자기와 다른 가치를 추구하는 사람에 대해서도 열린 자세를 보이는 경우가 많다.

유전과 환경이 인간 행동에 미치는 영향을 탐구하는 행동유전학의 연구결과에 따르면, 성격 5요인은 유전에 의해 대략 50퍼센트가 결정된다. 그리고 이렇게 상대적으로 강한 유전의 영향력 때문에 성격 5요인은 시간과 공간이라는 상황적 맥락을 초월해 유지된다. 호기심이 많은 어느 중년 신사는 아마도 수십 년 전 호기심 많은 어린이였을 것이고, 학교에서도, 직장에서도, 여행지에서도, 심지어 장례식장에서도 많은 것들이 궁금할 것이다. 성격 5요인을 포함한 기질적 특성은 언제 어디서든 쉽게 드러날 수 있는, 비교적 오랜 시간 변하지 않고 지속되는 개인의 영역이다.

맥애덤스는 이러한 기질적 특성이 우리가 누군가를 처음으로 만날 때 보통 제일 먼저 알게 되는 영역이라고 주장한다. 누군가와 몇 분만 얘기해봐도 우리는 그 사람이 말이 많은지, 걱정이 많은지, 다른 사람은 배려하지 않고 자기주장만 강한지 등을 비교적 쉽게 알 수 있다. 우리가 남들에 대해 얘기하며, "아, 그 친구는 말이 좀 많지", "좀 예민해서 그 사람 앞에서는 말조심해야 해", "걔는 착해서 남의 부탁을 잘 들어줘" 같은 말을 할 때 우리는 모두 기질적 특성에 대해 얘기하고 있는 것이다.

둘째 영역은 '특징적 적응'이라 불리는 것으로 이는 각자의 동기, 목표, 가치, 애착 유형, 자기개념 등을 포함한다. 특징적 적응은 한 사람이 삶의 어떤 시점에서 맞닥뜨리는 사회적 역할에 적응하는 방식을 가리키며 기질적 특성과 달리 시간과 공간이라는 맥락에 따라 그 내용이 변화한다. 예를 들어 초등학교 때는 직업적 목표가 대통령이었던 사람이 대학교 때는 대기업 임원, 취업준비생 때는 그냥 직장인으로 변화하는 것처럼 시간에 따라 사람들이 추구하는 목표는 달라질 수 있다. 자신이 놓인 공간 혹은 사회적 역할에 따라서도 사람들은 서로 다른 특징을 드러낸다. 그래서 어떤 사람은 집에서는 형편없는 부모이지만 직장에서는 유능한 상사일 수 있다.

특징적 적응은 기질적 특성과는 독립적으로 작동한다. 즉 기질적 특성이 서로 다른 사람들도 같은 목표를 가질 수 있다. 예를 들어, 외향적인 사람도 내향적인 사람도 모두 교수를 직업적 목표로 삼을 수 있다. 외향적인 사람은 사람들 앞에서 강의하는 측면이 좋아서, 내향적인 사람은 혼자서 조용히 논문을 읽고 쓰는 측면이 좋아서 교수가 되고 싶을 수 있다. 이와 마찬가지로 경험에 대한 개방성이 높은 사람도 낮은 사람도 자연보호라는 가치를 중요하게 여길 수 있다.

하지만, 위의 두 영역에 대해 상당히 많이 알고 있다고 해도 과연 그가 어떤 사람인지 안다고 말할 수 있을까? 예를 들어, 김서영이라는 사람이 외향적이고 우호적이며 성실하고 현재 의사를 목표로 수련의 생활을 하고 있다고 하자. 물론 이러한 내용을 통해 김서영에 대해서 어느 정도 알 수는 있다. 하지만, 이 세상에 이런 사람은 무척 많지 않을까? 김서영이 진짜 어떤 사람인지 알기 위해서는 김서영의 인생 이야기를 들어야 한다. 똑같이 의사가 되고 싶어 하더라도 사람마다 왜 의사가 되기로 마음을 먹었는지 각기 다른 이유가 있을 것이다. 비교적 안정된 직업이라는 이유로 부모가 권했을 수도 있고, 어린 시절 친한 친구가 불치병으로 죽어 의사로서 불치병 치료에 매진하고 싶었을 수도 있다.

김서영의 경우 의사의 삶을 살기로 다짐하게 된 계기는 열네 번째 생일날 발생했다. 오래전부터 생일선물로 휴대전화를 사달라고 부모님께 졸라왔으나, 막상 선물 상자를 열어보니 엉뚱한 것이 들어 있어서 화를 내며 집으로 들어와 텔레비전을 켰다. 그런데 텔레비전에서 하루에 단돈 천 원이 없어서 하루 세끼조차 먹지 못하는 아프리카 아이들의 모습이 나오고 있었다. 순간 근사한 식당에서 맛있는 밥을 사주신 부모님께 휴대전화를 사주지 않았다고 화를 낸 자신의 모습이 한없이 부끄러워졌다. 그러고는 의사로서 편안한 삶을 살 수 있음에도 불구하고 도움이 필요한 사람들을 찾아가 의료 활동을 하는 '국경없는의사회'의 모습에 깊은 감명을 받았다. 그때부터 김서영은 자신도 의사가 되어 남을 도우며 살겠다고 결심했다.

이렇게 김서영의 인생 이야기를 듣게 되면, 우리는 전보다 김서영에 대해 훨씬 더 많이 알게 됐다고 생각하게 된다. 잠깐이나마 그 사람의 영혼을 들여다본 것 같은 느낌을 받게 되는 것이다. 이렇듯 우리는 마지막 영역인 인생 이야기까지 알고 난 후에야 비로소 누군가를 제대로 알게 된다.

지금까지 '우리는 누군가를 알 때 무엇을 아는가?'라는 질문에 답해왔다. 하지만, 이보다 더 중요한 질문은 우리 자신에 대한 질문이다. 우리는 우리 자신에 대해 무엇을 알고 있는가? 아마도 많은 사람들이 자신의 기질적 특성은 어느 정도 잘 알고 있을 것이다. 입학이라는 목표, 취업이라는 목표, 경제적 성공이라는 목표 등을 가지고 있고 학생으로서, 자식으로서, 부모로서 어떤 역할을 해야 하는지도 어느 정도 알고 있을 것이다. 그런데 그런 내용들을 하나의 이야기로 풀어낼 수 있을까? 자신이 왜 어떤 것을 추구하고, 그것이 자신에게 어떤 의미가 있는지, 그래서 자신은 어떻게 살고자 하는지에 대해서도 잘 말할 수 있을까? 다른 사람의 인생 이야기를 알아야 그 사람을 온전히 이해할 수 있듯이, 자신의 인생 이야기를 잘 엮어낼 수 있어야 자신이 누구인지 알 수 있고 비로소 우리 자신이 될 수 있다.

어쩌다 보니 어른

'나는 누구인가?'라는 질문은 인간에게 추상적 사고 능력이 생기면서부터 제기되었을 테지만, 역사 속에서 큰 문제로 등장한 것은 얼마 되지 않는다. 조선 시대에 백정으로 태어난 사람은 태어나면서부터 죽을 때까지 백정의 삶을 살아갈 테고, 양반으로 태어난 사람은 자연스레 양반의 삶을 살아갈 것이다. 그래서 자신에게 무엇이 중요하고 하고 싶은 일은 무엇이며 자신에게 삶의 의미를 부여하는 것이 무엇인지 고민할 필요가 없었다.

하지만, 민주화와 산업화로 대변되는 현대사회에서 사람들은 자신이 어떻게 태어났든 상관없이 개인의 의지와 능력에 따라 어디에서 무엇을 추구하며 살아갈지 상당 부분 선택할 수 있다. 자신이 되고 싶은 것을 추구할 자유와 권리가 주어졌다는 것은 뒤집어 보면, 자신의 삶의 방향을 스스로 결정해야만 하는 무거운 짐이 주어졌다는 것이다. 불행인지 다행인지는 알 수 없으나 현대사회에서 살아가는 사람들에게는 이러한 결정을 내릴 때까지 소요되는 시간이 길어졌다. 심리학자 제프리 아네트Jeffrey Arnett는 2000년에 발표한 논문에서 기존의 인간 발달 과정으로는 설명되지 않는 새로운 발달 시기가 현대사회에서 등장하고 있다고 주장하며 만 18세에서 25세 사이의 시기를 성인모색기emerging adulthood라고 명명했다.

과거에는 십대 후반 생물학적 성장이 끝날 때쯤 학교 교육을 마치고, 곧이어 직업을 갖고 배우자를 만나 가정을 꾸리는 경우가 많았다. 하지만, 이제 생물학적 성장이 끝났음에도 불구하고 부모의 집에 머무르고, 교육 기간을 연장하면서 취업과 결혼의 시기를 늦추는 사람들이 많이 생겨나고 있다. 실제로 통계청에 의하면, 우리나라의 평균 초혼 연령은 1975년에 남자가 26.8세, 여자가 22.8세였으나 2018년에는 각각 33.2세와 30.4세로 높아졌다. 이런 점에서 한국인의 발달 과정을 설명하는 데에도 성인모색기라는 개념이 유용할 수 있다.

정체성이 발달 과정 중 어느 시기에 대두되는 문제인지도 논의되고 있다. 기존 발달심리 이론에서 정체성은 청소년기에 직면하는 발달 과업이었으나 이제는 시기가 늦춰져 성인모색기의 과업으로 볼 수 있다는 것이다. 이러한 주장은 청소년기에 대입 준비에만 모든 정성을 쏟아붓는 한국인들에게는 특히 더 설득력이 있는 것으로 보인다. 하지만, 잊지 말아야 할 것은 정체성이라는 문제는 삶의 과정 전반에 걸쳐서 끊임없이 대두되는 문제이지 어느 한 시기에 완성되어 끝나는 문제가 아니라는 것이다. 이제 평생직장이라는 개념이 사라지고 다들 여러 직장 혹은 여러 직업을 갖고 살아가게 되었다. 또 이혼과 재혼이 많아지고 비혼도 하나의 당당한 선택지가 되고 있어 가족의 형태가 과거보다 훨씬 더 다양해졌다. 이러한 시대를 사는 현대인들에게 자신이 누구이고 어떤 삶을 살지에 대한 문제는 평생 제기될 수밖에 없다.

결국 태어나면서부터 정해져 있는 삶의 길이라는 개념 자체가 없어진 산업화된 현대 민주주의 사회에서 태어난 사람들에게 있어 어떤 결정들을 내리고 또 어떤 사건들을 엮어 자신의 인생 이야기를 써 나갈지는 각자에게 부여된 빼앗길 수 없는 권리인 동시에 견뎌내야만 하는 삶의 무게이다. 앞서 현대에 들어 성인모색기라는 시기가 생겨난 것이 불행인지 다행인지 알 수 없다고 적었는데, 내가 생각하기에 그 답은 정체성에 달려 있다. 어른이 되기 위한 준비 기간인 성인모색기를 통해 자신의 정체성을 형성하는 사람들에게 이는 좋은 삶을 살기 위해 꼭 필요한 시간이 될 것이다. 하지만, 자신의 정체성을 찾지 못한 채 어쩌다 어른이 되는 사람들에게는 고통의 시간이 될 것이다.

삶은 하나의 명사로 규정할 수 없다

내가 아는 사람 중에 특이한 기록을 가지고 있는 사람이 있다. 이십대에 우리나라의 4대 연금에 모두 가입해본 기록이다. 그는 공군 장교로 군복무를 하면서 군인연금에 가입했었고, 한국외국어대학교에서 국제 교류 담당 교직원으로 일하면서 사학연금에 가입했었고, 국회의원 보좌진으로 일하면서 공무원연금에 가입했었고, 서울시립대학교에서 서울시 소속 공무원이 아닌 대학교 소속 국제 교류 담당 교직원으로 일하면서 국민연금에 가입했었다. 그리고 만 29세가 미처 끝나기 전에 미국으로 유학을 떠났다.

이 사람의 명함들을 늘어놓고 어떤 사람인지 한마디로 규정하기란 쉽지 않다. 끈기 없는 사람? 싫증 잘 내는 사람? 세상 무서운 줄 모르는 사람? 그 사람의 삶을 이해하기 위해서는 이야기가 필요하다. 눈치 빠른 독자는 이미 눈치를 챘을 테지만, 그 사람은 바로 나다. 앞서 말한 명함들의 주인으로서 네 개의 명함을 갖게 된 이유를 초간단 버전으로 이야기하자면 이렇다.

연세대학교 철학과에 입학해 2년 정도 공부를 해보니 나는 철학이라는 학문의 위대함을 알 수 있었다. 철학을 공부하며 생각한다는 것이 무엇인지 깨닫게 되었고, 그 과정을 통해 더 좋은 사람이 되는 것만 같았다. 나는 공부하는 과정에서 내가 느낀 바를 다른 사람과 공유하고 싶다고 생각했고 철학과 교수가 되어 많은 교양강의를 해야겠다고 다짐했다. 외국으로 유학을 가고 싶었지만 우리집은 형편이 그리 넉넉하지 않았다. 그래서 일단 모을 수 있는 돈을 모아보자며 직장인 수준의 월급이 나오는 장교로 군복무를 했다.

내가 군복무를 하는 동안, 학부제로 입학한 학생들이 3학년이 되면서 학과를 선택하게 되었는데, 학과제일 때 쉰 명 정원이었던 철학과에 네다섯 명만이 지원하는 일이 벌어졌다. 그렇게 학생들로부터 철학이 외면받는 모습을 보며 향후 철학과 교수로 임용되는 것은 정말 어렵겠다는 생각을 했다. 하지만 여전히 나는 대학교에서 학생들을 가르치며 살고 싶었다. 그래서 우선 교직원을 해야겠다고 생각했다. 비교적 시간적 여유가 있으니 철학 이외의 다른 학문 분야에 대해 공부할 시간이 있을 것 같았고, 무엇보다도 학교 교정에 머물러 있어야 교수라는 꿈을 놓지 않을 수 있을 것만 같았다.

그래서 골랐던 분야가 국제정치학이었다. 정치학은 기본적으로 정치 행위가 계속되는 한 없어질 수 없는 학문 분야이고, 당시 세계적으로 자유무역협정이 활발하게 체결되는 등 여러모로 국제정치 관련 자리가 늘어날 것처럼 보였기 때문이다. 그래서 정치가 무엇인지 알아보기 위해 국회의원 보좌진으로 일하기 시작했다. 하지만 얼마 지나지 않아 정치는 나와 맞지 않는다는 것을 깨달았다. 나는 하루가 멀다 하고 터지는 새로운 사건을 일일이 좇아가는 것이 너무나도 숨 가빴다. 나는 긴 호흡으로 세상을 이해하는 게 좋았다. 아무리 전망이 좋다 한들 적성에 맞지 않는 일을 하며 평생을 살기는 어려울 것 같았다. 그래서 다시 교직원이 되었다가 어느 날 집어 든 심리학 책을 보고 나서 철학과 상당히 유사한 주제를 다루는 심리학을 공부해야겠다고 마음먹고 미국으로 떠났다.

우리집에 돈이 많았더라면 나는 고민 없이 철학과 대학원에 진학했을 것이다. 돈은 없는데 하고 싶은 일은 생겨 그 간극을 메우기 위해 좌충우돌 여기저기 돌아다니며 살았다. 이런 내 삶에 대해 자세히 들어본 적이 없는, 그래서 내 삶을 명사형으로만 알고 계시는 우리

어머니는 아직도 종종 끈기가 없는 게 나의 단점이라고 말씀을 하시고는 한다. 하지만, 이십내에 4대 연금에 다 가입하게 된 내 이야기를 들려드리면 부모님의 경제적 어려움 때문에 자식을 고생시켰노라고 슬퍼하실까 싶어 그냥 웃어넘긴다.

사람들은 흔히 다른 사람의 삶을 명사형으로 이해한다. 저 사람은 어디 사는 사람, 저 사람은 어느 직장에 다니는 사람, 저 사람은 무슨 차를 타고 다니는 사람, 저 사람은 대학교도 못 간 사람……. 하지만 그렇게 누군가를 이해할 수 있다고 생각하는 것은 오만이다. 자신의 삶을 하나의 명사로 규정할 수 없는 것처럼 다른 사람의 삶도 하나의 명사로 규정할 수 없다. 삶은 이야기이기 때문이다.

나의 이야기는 무엇인가?

지금까지 영혼의 자서전이라고도 할 수 있는 인생 이야기가 무엇인지, 왜 삶이 인생 이야기를 빼놓고는 제대로 이해될 수 없는지 살펴보았다. 자신의 인생 이야기는 정체성 그 자체이다. 그리고 자신의 이야기를 스스로 써 내려갈 수 있을 때 비로소 인생의 진정한 주인으로 살 수 있다. 그렇다면 당신의 인생 이야기는 무엇인가?

사람들의 인생 이야기를 연구하기 위해 내가 사용하는 방법은 68쪽의 지시문을 제시한 후 글을 쓰게 하는 것이다. 대부분의 사람들이 워드프로세서 기준으로 반 장에서 한 장 정도 분량의 글을 쓴다. 독자 여러분들도 삼산 시간을 내어 이 글을 써볼 것을 권한다. 이 지시문은 크게 두 가지, 즉 현재 자신의 모습이 어떠한지, 그리고 어떤 과정을 통해 지금의 모습이 되었는지 답변할 것을 요구하고 있다. 현재 자신의 모습을 어떻게 판단하는지에 따라 글의 내용은 완전히 달라질 수 있다. 만약 자신의 여러 모습 중 가장 자신다운 모습이 무엇인지 확신할 수 없는 경우에는 각 모습별로 각기 다른 글을 써볼 필요가 있다.

글을 다 썼으면 두 가지 관점에서 자신의 글을 평가해보자. 첫째, 자신의 답변이 꽤 만족스러운 수준으로 자기 자신을 드러내고 있는가? 둘째, 글 속에서 묘사된 자신이 남들이 생각하는 꽃길은 아닐지라도 자신이 걸어야 할 길을 제대로 걷고 있다는 느낌이 들고, 그래서 충분히 의미 있는 삶을 꾸려가고 있다고 생각되는가? 이 두 가지 질문에 대해 모두 그렇다고 답변할 수 있다면 지금 이 시점에서의 정체성은 잘 형성되어 있다고 말할 수 있다. 3장부터는 내가 진행한 연구에 참여했던 사람들의 실제 인생 이야기를 소개할 것이다. 이를 통해 자신의 이야기를 깊이 있게 돌아보는 계기가 되었으면 한다.

_____ 현재 자신의 모습에 이르게 된 결정적인 경험에 대해 생각해보시기 바랍니다. 이 경험은 하나의 사건일 수도 있고 일련의 사건들일 수도 있습니다. 이 경험에 대해 자세히 서술하여 하나의 글로 완성해주시기 바랍니다. 언제 어디서 무슨 일이 있었고, 누구와 관련이 있었으며, 어떤 생각을 하고, 어떤 감정을 느꼈습니까? 왜 이 경험이 중요하다고 생각하는지 그리고 이 경험이 당신이 누구인지에 대해 무엇을 말해주는지도 서술해주시기 바랍니다.

정체성을 찾는다는 것…

내가 나의
인생 이야기를
쓸 수 있는 것

3장

여러 가지 색이 섞인
'나'라는 사람

누구도 산정에 오래 머물 수는 없다.
누구도 골짜기에 오래 있을 수는 없다.
삶은 최고와 최악의 순간들을 지나 유장한 능선을 오르내리며 가는 것.

- 박노해 -

더 좋은 인생 이야기는 있다

한 사람의 삶이 다른 사람의 삶보다 더 낫다고 평가할 수 있을까? 사람들이 종종 '나는 저렇게는 살지 말아야겠다'라거나 '아, 나도 저렇게 살고 싶다'라는 식의 말을 하는 것을 보면, 분명 사람들이 각자 생각하는 더 좋은 삶은 있어 보인다. 범죄자들을 감옥에 가두는 것에 대한 사회적 합의가 있는 것을 보면 남을 해치는 삶보다는 남에게 도움을 주는 삶이 더 바람직하다는 사실을 다들 인정하고 있는 듯하다. 평생을 들키지 않고 많은 사람들을 죽인 연쇄살인범은 자신의 삶을 더 나쁜 삶이라고 평가할까, 아니면 평생을 스릴 넘치게 살아왔으니 매우 즐겁고 좋은 삶이라고 평가할까?

특정한 맥락 없이 어떤 삶이 다른 삶에 비해 무조건 더 좋은 삶이라고 말할 수 있는지는 상당히 철학적인 문제이고 답변이 쉽지 않다. 그럼에도 어떤 기준을 둘 경우 무엇이 더 좋은 삶인지 어느 정도 판단할 수 있다. 어려움에 처한 사람들을 돕고 사는 것이 기준이라면 자원봉사를 하는 사람들이 좋은 삶을 사는 것일 테다. 다른 사람을 즐겁게 하는 것이 기준이라면 연예인들이, 국가의 부를 늘리는 것이 기준이라면 기업가들이, 진리를 탐구하는 것이 기준이라면 학자들이 남들보다 더 좋은 삶을 산다고 할 수 있다.

이와 마찬가지로 어떤 이야기가 무조건 더 좋은 인생 이야기인지를 판단하는 것은 쉽지 않지만, 특정 기준에 비춰보았을 때 어떤 이야기가 상대적으로 더 좋은 이야기인지 평가할 수는 있다. 심리학 연구에서 인생 이야기 역시 여러 면에서 평가되는데 이에 대해서는 7장에서 좀 더 다루기로 한다. 내 연구에서 주로 사용하는 평가 기준은 정체성 발달 정도이다.

현재 자신의 모습에 이르게 된 결정적 경험을 자세히 적어달라고 부탁했을 때 어떤 사람들은 단순히 자신을 둘러싸고 일어난 일에 대해서만 적는다. 자신을 평범한 가정의 가장이라고 소개하면서 글을 시작한 조민홍의 예를 들어보자. 조민홍은 과학기술 분야 영업 일을 하는 사람이다. 많은 거래를 성사시키려 하지만 바이어들은 쉽게 응해주지 않아 이것도 해보고 저것도 해보는 등 열심히 노력한다. 그런 자신의 모습을 보며 어떤 거래처 사장은 힘들게 이것저것 다 할 필요는 없다고 말하지만, 조민홍은 그렇게 단순하게 일하는 것이 쉽지 않다. 그런 삶이 피곤하다고 아내에게 얘기를 하면, 아내는 조민홍을 이해하기보다는 항상 자식 걱정을 하며 돈이 더 있어야 한다는 말을 한다. 생각해보면 맞는 말이기에 한숨을 쉬며 다시 일터로 나간다. 하루하루 반복되는 일상이 답답하기도 해서 헛웃음만 나오기도 한다.

이 이야기에는 자신에 대한 성찰이 없다. 직장에서도 치이고 집에서도 치이는 삶을 언급할 뿐, 그 과정에서 자신이 어떤 의미를 찾았는지, 어떤 목표를 위해 힘든 하루를 버티는지를 알 수 있는 내용이 빠져 있다. 실제로 조민홍의 글은 "참 아이러니하며 어쩔 수 없는 인생이다"라는 문장으로 끝이 난다. 결국 이 이야기를 통해 드러나는 조민홍은 자신의 현재 모습을 아이러니로 인식하고 있는 것이고, 정체성 발달이라는 측면에서는 높은 점수를 받기 어렵다. 정체성이 잘 형성된 사람들의 인생 이야기는 크게 세 가지 특징을 가지고 있는데, 3장과 4장, 5장을 통해 각 특징에 대해 알아본다.

완벽하거나 찌질하거나

항상 같은 모습으로 사는 것은 단언컨대 불가능하다. 대학생일 때 박선웅은 술 마시면서 예사로 밤을 새웠지만, 마흔이 넘은 지금은 밤 12시를 넘기기가 힘들다. 젊은 박선웅은 감정적이고 즉흥적인 결정도 많이 했지만, 야마오카 소하치의 《대망》이라는 책을 읽고 난 후에는 하나의 결정이 미칠 파장을 여러 각도에서 고민한 후에 결정을 내린다. 이렇게 통시적으로 사람은 여러 모습을 갖고 있지만, 공시적으로도 여러 측면을 가지고 있다. 같은 술을 마셔도 나와 친한 친구와 마실 때 보이는 모습은 학과 교수님들 또는 학생들과 마실 때 보이는 모습과는 분명 많은 차이가 있을 것이다. 이야기가 가지고 있는 최고의 힘은 이렇게 논리적으로 통합되기 어려운 여러 측면을, 때로는 서로 상충하는 측면을 조화롭게 통합할 수 있다는 것이다.

　드라마 〈김비서가 왜 그럴까〉에 나오는 고귀남(황찬성 분)의 경우를 예로 들어보자. 고귀하게 태어나 고귀하게 자랐을 것만 같은 외모에 능력도 좋아서 사내에서 갖고 싶은 남자 1위를 차지하는 고귀남은 출근하며 어떤 옷을 입을지 고민할 시간에 일 하나 더 하겠다며 같은 양복을 여러 개 사서 매일 같은 양복을 입고 출근한다(고 말하고 다닌다). 자신을 좋아하는 여자들에게 관심도 주지 않은 채 일에만 열중하는 고귀남은 실은 엄청 '찌질한' 구두쇠다. 돈을 아끼기 위해 양복을 한 벌만 사서 매일 입고 카페에 가서 커피 한잔 마실 돈도 아까워 사무실에서 믹스커피만 마신다. 고귀남의 이런 찌질한 모습은 김지아(표예진 분)에게 우연히 발각되는데, 그런 자신의 모습을 다른 사람들에게는 비밀로 해달라고 협박과 부탁을 일삼는 고귀남에게 김지아가 어느 날 묻는다.

　김지아: 근데 전부터 궁금한 게 있는데, 고 대리님은 동기들 중에 제일 먼저 승진하시고 보너스도 제일 많이 받으신다던데 이렇게까지 아끼시는 이유가 뭐예요?

고귀남 : 그건 비밀입니다!

김지아 : 아니, 정장 한 벌뿐인 것도 옥탑 사시는 것도 전혀 흉이
아닌데 왜 그렇게까지 비밀로 하시는지 이해가 잘 안 돼
서요.

고귀남 : 흉이 되기도 하니까요. 제가 어릴 때 가족들이랑 단칸방
에 살았거든요. 그때는 다른 사람들도 다 그렇게 사는 줄
알았어요. 단칸방에 오순도순. 그래서 부끄럽다고 생각한
적 없었죠. 근데, 점점 클수록 나를 부끄럽게 만들더라고
요, 사람들이. 그냥 공부를 잘하는 고귀남이라고 하면 되
는데, 집이 어려운데 공부를 잘하는 고귀남이라 말하고.
나, 대학 동기들 중에 제일 먼저 취직했거든요. 근데 그럼
축하한다고 하면 되는데, 형편이 어려운데 잘됐다고 말하
고…….

김지아 : 아…….

고귀남 : 그래서 내 목표는 돈을 많이 모아서 집도 사고 훗날 내 아
내와 내 자식들이 그런 말 안 듣고 살게 하는 거예요. 그
래서 나 벌써 1억 모았어요.

김지아 : 네? 1억이요? 대박. 아니, 이제 4년 차인데 어떻게 1억
을…….

고귀남 : 나 한 달에 10만 원 씁니다. 모아둔 1억으로는 주식 해서

또 돈 벌고요. 나는 쓰는 기쁨은 미래의 내 가족들과 함께 할 겁니다.

이 이야기를 통해서 김지아는 완벽남 고귀남과 찌질남 고귀남이라는 전혀 다른 두 사람을 온전히 통합된 한 사람으로 이해하게 된다. 좋은 인생 이야기는 이렇듯 자신이 가지고 있는 여러 모습들을 하나로 엮어주고 통합하는 역할을 하는 것이다. 생각해보면 우리는 살면서 남들에게 가끔씩 이런 인생 이야기에 관해 묻고는 한다. 오랜만에 만난 친구가 예전과는 전혀 다른 사람이 되어 나타나는 경우가 종종 있는데, 이때 우리는 "어떻게 된 거야, 예전과는 많이 다르네?" 하고 묻는다. 이 질문이 요구하는 것이 바로 그동안의 인생 이야기이다. 과거의 모습과 현재의 모습 간의 불일치를 해소할 수 있는 이야기를 들려달라는 것이다.

'유쾌한' 나를 만드는 나의 '그림자'

배트맨 시리즈 중에서 최고의 평가를 받는 것이 배트맨 3부작으로 불리는 〈배트맨 비긴즈〉, 〈다크 나이트〉, 〈다크 나이트 라이즈〉 시리즈이다. 감독을 맡았던 크리스토퍼 놀란은 미국 연예 잡지 《버라이어티》와의 인터뷰에서 "여러 슈퍼 히어로 중 저는 배트맨이 가장 흥미롭습니다. 그는 아무런 슈퍼 파워를 갖지 못했으니까요. 그런 점에서는 그는 매우 인간적"이라고 말한다. 아무 초능력도 없고, 대기업의 총수로 남부러울 것 없는 브루스 웨인(크리스찬 베일 분)은 도대체 왜 자신의 목숨을 걸고 고담 시의 악당들과 싸우는 것일까?

각본을 맡았던 크리스토퍼 놀란과 데이비드 고이어가 〈배트맨 비긴즈〉를 구상할 때 가장 중점을 둔 부분이 바로 브루스 웨인과 배트맨이라는, 상충하는 두 측면을 조화롭게 풀어내는 것이었다고 한다. 그 결과 〈배트맨 비긴즈〉에서 배트맨은 한 시간이 지나서야 나타나고, 대부분의 시간은 브루스 웨인이 어떤 과정을 통해 배트맨이 되었는지 이야기하는 데 할애된다. 이 이야기가 없다면, 브루스 웨인은 다중인격장애, 보다 최신 용어로 말하자면 해리성정체성장애를 겪고 있는 환자일 뿐이다. 하지만, 고귀남의 인생 이야기를 통해 김지아가 고귀남을 이해하게 되었듯, 우리도 〈배트맨 비긴즈〉를 통해 브루스 웨인을, 혹은 배트맨을 온전히 이해할 수 있게 된다.

내 연구에 참여했던 대학생 김효선의 예를 살펴보자. 중학교 시절의 김효선은 머리가 좋아 많이 노력하지 않아도 좋은 성적을 받던, 어긋남 없이 올바른 길만 걷던 모범생이었다. 하지만 고등학교를 자퇴하게 된다. 남들에게는 고등학교에서 배우는 내용이 자신이 대학교에서 배우고자 하는 것과 잘 맞지 않기 때문이라고 말했지만, 사실은 친구들과의 관계가 엇나갔기 때문이었다. 사람과 사람 사이에는 갈등이 있을 수도 있다는 것을 항상 엄친딸이었던 열일곱 살의 김효선으로서는 받아들이기 힘들었던 것이다.

검정고시를 치른 후 두 번 연속으로 대학교 진학에 실패하게 되자 김효선은 자신에게 어떤 실패나 어떤 시련도 다 일어날 수 있다는 것을 온몸으로 경험했다. 그런데 막상 그 사실을 받아들이고 나니 오히려 마음이 편해졌다. 더 이상 완벽한 모범생이라는 이미지를 유지할 필요가 없게 된 것이다. 동시에 삼수를 하는 과정을 통해 노력하면 못할 것도 없다는 것 역시 깨달았다. 행복한 날보다는 절망하는 날들이 더 많았고 다른 사람의 차가운 시선을 느끼고 자신에게 실망하기도 했지만, 결국 모두 이겨내고 자신이 원하던 대학교에 입학했기 때문이다. 대학교에 들어온 이후 예전보다 해이해지고 게을러지기는 했지만, 힘든 일이 있을 때마다 삼수 시절을 회상하면서 자신은 한껏 집중하여 최선을 다할 수 있었던 사람이라는 것을 떠올리고는 한다.

김효선은 글의 끝부분에서 이렇게 말한다. "그래서, 딱히 노력하지 않아도 이룰 수 있던 시절과, 사람 사이의 갈등으로 인해 괴로워 피하려고 하던 시절과, 웬만큼 노력해서는 이룰 수 없어 좌절도 했었던 시절들은 지금까지도 밑거름이 되어 '유쾌한' 나를 만드는 데 '그림자' 역할을 잘 해내고 있다고 생각합니다." 이 한 문단을 통해 김효선은 통시적·공시적 통합을 모두 이뤄내고 있다.

중학교 시절 쉽게 원하는 것을 이룰 수 있었던 엄친딸의 모습과 친구 관계가 엇나가 도망치듯 고등학교를 그만둔 자퇴생의 모습, 대학교 진학에 실패하며 좌절하는 삼수생의 모습과 결국 원하는 학교에 입학한 자랑스러운 대학생의 모습이 서로 흩어지지 않고 통합된다.

서로 다른 시간 속에서 형성된 모습들이 통시적 융합을 이룬 것이다. 나아가 이런 과거의 힘들었던 모습들이 아마도 남들 눈에는 유쾌하게만 보이는 현재 자신의 모습에 그림자 역할을 하고 있다며 적극적으로 이를 끌어안고 있음을 볼 때 자신의 어두운 측면과 유쾌한 측면을 공시적으로 통합하고 있음을 알 수 있다.

내일 죽어도 후회하지 않게,
내일 죽지 않아도 후회하지 않게

삶에서 통합이 필요한 부분은 단지 자신이 가지고 있는 서로 다른 모습들뿐만이 아니다. 자신이 중요하다고 생각하는 가치와 자신이 따르고자 하는 원칙 역시 서로 모순되는 경우가 종종 생기기 때문이다. 대학생 참여자였던 라정윤은 상반된 두 가지 삶의 원칙을 조화시키는 글을 썼다. 고민은 고등학교 1학년 때 봉사활동을 나갔던 요양병원에서 벌어진 사건으로 시작된다.

청소를 하기 위해 한 병실에 들어간 순간 엄청난 악취가 라정윤의 코를 자극했다. 누운 채 움직이지 못하시는 할아버지가 대변을 참지 못한 것이었다. 간병인에게 알리자 간병인은 달려와 할아버지를 우악스럽게 뒤집어 놓고 바지를 내렸다. 변을 닦으며 손으로는 할아버지의 엉덩이를 찰싹찰싹 때렸고, 입으로는 계속 할아버지를 나무랐다. 할아버지는 움직일 수 없고 의사 표현을 할 수 없다는 이유로 처음 보는 사람 앞에서 여성에 의해 강제로 성기가 노출되는 수치스러운 상황에 처해 있었지만, 아무런 저항도 할 수 없었다.

이런 상황에서 사람들은 어떤 생각을 할까? 누군가는 역시 돈을 많이 벌어서 고급 요양원에 들어가야 한다는 생각을 할 수 있고, 누군가는 간병인의 몰상식을 욕할 수도 있고, 또 누군가는 그 자리를 비켜 드리지 않은 라정윤의 태도를 비판할 수도 있을 것이다. 하지만, 라정윤은 자신의 죽음을 생각했다. 그 할아버지도 자신처럼 젊고 건강할 때가 있었을 텐데 어느 순간 인간다운 생활을 하지 못하는 처지가 되었듯 자신 역시 언젠가 그런 처지에 놓일 수 있기 때문이다.

그렇게 라정윤의 고민이 시작되었다. 어찌 보면 우리 인생은 모두 하나의 결말을 향하고 있다. 바로 죽음이다. 그런데 죽음은 언제 우리를 덮칠지 모른다. 그렇기에 미래만을 바라보며 현재의 즐거움과 행복을 포기하는 것은 어리석을 수 있다. 그러나 죽음이 언제 찾아올지 모르기 때문에 현재의 즐거움만을 추구할 수도 없다. 미래를 대비하지 못하면 긴 세월을 가난과 고통 속에서 보낼 수도 있기 때문이다.

결국 우리는 언제나 현재와 미래를 절충하며 살아야 한다. 그래서 선택한 라정윤의 삶의 원칙은 《불멸에 관하여》에 나오는 다음 문장과 같다. "내일 죽어도 후회하지 않게, 내일 죽지 않아도 후회하지 않게."

죽음의 존재론적 확실성과 죽음의 시간적 불확실성. 죽음이 반드시 오기는 오지만, 언제 올지 모른다는 점은 우리가 오늘을 어떻게 살아야 하는지 고민하게 만든다. 누군가는 내일 죽음이 우리를 덮칠 수도 있으니 오늘이 인생의 마지막 날인 것처럼 살아야 한다고 한다. 다른 누군가는 오늘은 남은 인생의 첫날이니 오늘이 마치 인생의 첫날인 것처럼 살아야 한다고 한다. 그래서 고민이다. 오늘 먹고 싶은 비싼 아이스 아메리카노를 올지 안 올지 모르는 미래를 위해 먹지 말아야 하는가?

대학교 다닐 때 많은 면에서 정말 뛰어난 선배가 한 명 있었다. 이 선배는 4.0 만점에 4.0을 받고 졸업을 해 졸업식 날 신문에 날 정도로 공부를 잘했지만, 논술 강사를 하면서 본인은 물론 동생들의 학비와 생활비까지 마련했다. 당시 나는 이 선배가 가르치는 학생들의 논술 답안지를 채점하면서 용돈을 벌었다. 언제인가 얼마나 많은 답안지를 채점하는 게 좋겠냐고 묻자, 선배는 이렇게 대답했다. "돈에 쪼들리지 않을 만큼 많이, 공부에 방해가 되지 않을 만큼 적게."

두 개의 원칙 혹은 가치가 충돌할 때 꼭 둘 중 하나를 선택하고 다른 것을 버릴 필요는 없다. 라정윤이 보여주었듯 그 둘을 자신 안에서 슬기롭게, 자기 자신을 설득할 수 있는 방식으로 통합하는 것이 중요하다. 선배의 그 답변은 내게 큰 울림을 주어 나는 지금도 학생들이 뭔가 중요한 결정을 내려야 할 때 비슷한 방식으로 조언을 한다. 우리는 얼마나 많은 사람과 연애를 해야 하는가? 사람과 사랑을 알 수 있을 만큼 많이, 사람과 사랑을 비교하지 않을 만큼 적게. 아이스 아메리카노를 얼마나 마셔야 하는지에 대한 고민에도 비슷한 답변을 할 수 있을 것 같다. 오늘 내 마음이 초라하고 가난하지 않을 만큼 많이, 내일 내 삶이 초라하고 가난하지 않을 만큼 적게.

물론 하나의 원칙을 가지고 있다는 것만으로도 정체성 발달 수준이 높다고 할 수 있다. 삶의 원칙이 있다는 것은 자신에게 중요한 것이 무엇이고 그래서 어떤 방식으로 살아야 하는가라는 물음에 대한 답이 있다는 뜻이니까. 하지만, 두 가지 상반된 삶의 원칙을 조화롭게 통합하는 것은 자신이 삶의 주인으로서 굳건히 서서 양손으로 상반된 원칙을 붙잡고 균형을 잡고 있을 때에만 비로소 가능하다. 그 균형점이 어디인지는 오직 자신만이 알 수 있다.

내가 엮어내는 내 삶의 기록

한국 영화에 등장하는 인물 중 통시적으로 가장 다른 모습을 보여주는 인물이 아마 〈박하사탕〉의 김영호(설경구 분)일 것이다. 〈박하사탕〉은 김영호의 현재 모습을 보여주는 것으로 시작해 차츰 옛 모습을 단편적으로 보여준다. 스무 살의 김영호는 사진기를 메고 그냥 꽃도 아닌, '이름 없는 꽃'들을 찍고 다니고 싶었던 순수한 청년이었다. 하지만, 마흔 살의 김영호는 더 이상 수습할 수 없는 삶을 자살로 마감하기에 앞서 혼자 죽기 억울해 자신의 인생을 망친 사람 중 한 명을 죽여 저승길에 동행하겠다며 얼마 남지 않은 모든 돈을 털어 총을 살 정도로 망가졌다. 굴곡이 많았던 현대사가 그를 그렇게 몰아갔던 것일까, 아님 그는 스스로를 파멸의 길로 몰아넣은 것일까? 하지만, 감독은 김영호가 왜 이렇게 바뀌었는지에 대해 친절하게 설명하지 않는다. 움직이는 기차에서 바라본 기찻길을 찍은 필름을 거꾸로 재생하여 보여줌으로써 시간의 공백을 갈음할 뿐이다.

영화를 통틀어서 왜 김영호가 변했는지에 대한 언급은 딱 두 번 나온다. 자신을 짝사랑하는 양홍자(김여진 분)가 자기가 보기에 김영호는 경찰과는 전혀 어울리지 않는데 왜 경찰이 되었는지 묻자, 김영호는 "몰라" 하고 짧게 대답할 뿐이다. 첫사랑 윤순임(문소리 분)이 입대 후 연락이 끊긴 김영호를 찾기 위해 그의 고향집까지 갔다 온 후 이렇게 말한다. "영호 씨 고향의 식구들이 영호 씨가 왜 경찰이 됐는지 모르겠대요." 이런 점을 봤을 때 김영호는 자신에게 중요한 사람들에게, 또 자기 자신에게 인생 이야기를 들려주지 않았던 것 같다. 윤순임이 오랜만에 만난 김영호에게 여전히 착해 보이는 손을 가지고 있다고 말하자, 김영호는 그 착한 손으로 자신의 첫사랑 앞에서 자신을 짝사랑하는 여자를 성추행함으로써 이제 자신의 손은 착한 손이 아님을 드러낸다.

만약 그때 김영호가 어떻게 해서 그 손으로 무고한 학생을 죽이게 되었고 힘들게 사는 노동자를 고문했는지 설명하고 이해받으려 했다면, 그렇게 자기 인생 이야기를 첫사랑 윤순임과 공유했다면 그의 삶은 달라지지 않았을까? 끊기지 않고 계속 이어져 있는 기찻길처럼 삶 역시 끊김 없이 이어진다. 인생의 전환점들은 하루하루 산다고 저절로 이어지는 것이 아니다. 자신의 인생 이야기를 통해 엮어내야만 하는 것이다.

2000년 〈박하사탕〉이 개봉했을 때 나는 이 영화가 격동의 한국 현대사에 의해 망가진 한 사람의 삶을 그리고 있다고 생각했었다. 그런데 이번에 책을 쓰기 위해 영화를 다시 보면서 정말 그게 제작 의도였는지 궁금해져 당시 인터뷰를 찾아보았다. 감독 이창동은 1999년 부산국제영화제에서 이렇게 말했다.

"한 개인이 결코 역사나 사회현실로부터 자유로울 수 없다. 사회 현실이 개인을 내버려두지 않기 때문이다. 그렇지만 어떠한 정치적 현실이나 외부의 파괴적인 힘도 인간의 숭고한 영혼을 완전히 파괴할 수 없다. 한 개인이 지킬 수 있는 자신의 몫은 있다. 주인공 역시 자신에게 주어진 시간과 기회들을 '좋은 꿈'으로 만들 수 있는 기회는 있었다." 그러면서 이창동은 영화를 보는 젊은 관객들이 그들의 꿈을 그들의 의지를 통해 그들의 미래로 만들 수 있음을 알아주었으면 좋겠다고 말했다. 얼마나 좋은 인생을 살지는 사회적 상황에 의해 많은 영향을 받을 수 있다. 하지만, 얼마나 좋은 인생 이야기를 가지고 살지는 개인의 몫이 아닐까?

정체성을 찾는다는 것…

내가 나의
파편화된 단면들을
조화로운 이야기로 엮어내는 것

4장

누구나 인생의 주제가 있다

행복은 당신의 생각과 말과 행동이 조화를 이룰 때 찾아온다.

- 마하트마 간디 -

내 인생의 주제는 무엇인가?

3장에서 다룬 정체성의 특징이 서로 모순되는 측면들을 통합하는 것이라고 한다면, 이번에 살펴볼 정체성의 특징은 한 가지 요소로 똘똘 뭉쳐 있는 것이다. 이 둘은 얼핏 반대되는 것처럼 보일 수 있으나, 자기 자신을 한 방향으로 나아가는 완성된 전체로 인식하고 있다는 점에서는 같다. 단지 전체를 이루는 방식이 다를 뿐이다. 장난감 블록을 이용해 로봇을 만든다고 생각해보자. 전자가 서로 색깔이 다른 블록을 이용해 로봇을 만드는 것이라면, 후자는 한 가지 색깔의 블록만을 이용해 로봇을 만드는 것이다. 똑같이 멋있는 로봇이겠지만 그 로봇을 이루는 블록은 서로 다른 방식으로 구성될 수 있다.

그런데 한 가지 요소로 똘똘 뭉쳐 있다는 게 무슨 말일까? 어려서부터 악기를 다뤘던 음악가들이 대표적인 동시에 다소 극단적인 예가 되겠다. 첼리스트 요요마의 경우 네 살의 나이에 첼로를 연주하기 시작해 아흔 장이 넘는 앨범을 내고 열여덟 개의 그래미상을 받았다. 하지만 요요마는 단순히 연주만 잘하는 사람이 아니다. 그는 음악이 갖고 있는 화합의 힘을 가슴 깊이 믿어 이를 실현하기 위해 1998년 '실크로드 프로젝트'를 시작했다. 먼 옛날 실크로드가 세상을 엮어주었듯, 이제 음악으로 세상을 엮어보겠다는 것이다. 그래서 요요마에게 음악은 단지 돈과 명예를 얻기 위한 수단이라기보다는 그의 삶의 핵심으로 자리 잡고 있다고 해도 무방할 것이다.

우리에게 더 친근한 예로는 김연아를 꼽을 수 있다. 김연아는 다섯 살 때 가족과 함께 과천 실내 스케이트장에서 처음으로 스케이트를 탔고, 같은 해 피겨 스케이팅 특강 프로그램에 참여했다. 짧았던 특강이 끝나자 스케이트를 더 배우고 싶다고 졸랐고 결국 10개월 코스인 마스터반에 등록했다. 마스터 프로그램이 끝나갈 무렵 당시 강습을 맡았던 코치가 선수가 될 것을 제안해 그 길을 걷기로 결심했다. 그후로 1년 넘게 배우던 피아노 학원도 정리하고 친구들과 노는 것도 피하면서 오직 피겨 스케이팅에 전념하였다. 이제는 은퇴해 어떤 삶을 살아가고 있는지 모르겠지만, 스무 살의 김연아에게 인생은 피겨 스케이팅으로 똘똘 뭉쳐져 있었을 것이다.

하나로 똘똘 뭉쳐져 있는 인생 이야기를 갖기 위해 김언아나 요요마처럼 다소 극단적으로 한 가지에만 몰두하며 살 필요는 없다. 일반인들의 인생 이야기에서 이런 특징은 자신의 과거와 현재, 미래에 걸쳐 있는 주제를 중심으로 인생 이야기가 펼쳐지는 방식으로 나타난다. "당신 인생의 주제는 무엇입니까?"라는 질문에 가장 적합한 대답처럼 들릴 수도 있다. 그래서, 이런 이야기들에서는 자신이 어떤 사람인지를 명시적으로 밝히는 표현이 종종 등장한다.

선택하고 책임지는 삶

내가 진행한 연구에 참여했던 조예림의 인생 이야기를 살펴보자. 지금의 조예림을 있게 한 가장 중요한 경험은 중고등학교 때 공부를 했던 경험이었다. 자신과 동갑이었던 엄친딸에 대한 막연한 질투심이 발단이었다. 그 친구에게 비교당하는 게 싫어 자신도 공부를 잘해야 겠다고 다짐을 하게 되었다. 집안 형편이 넉넉하지 않아 부모님께 학원에 보내달라는 말은 하지 못하고 혼자서 예습하고, 수업 시간에 선생님 말씀을 열심히 듣고, 숙제와 복습을 충실히 하는 식으로 공부를 하기 시작했다. 중학교 3학년이 되자 조예림은 꽤 공부를 잘하는 학생이 되어 있었고, 더군다나 학원에 다니지 않으면서도 공부를 잘하는 독특한 학생으로 인식되었다. 학원을 다니지 않고 스스로의 힘으로 혼자 해냈다는 자신감이 마음속 가득 자리 잡았다.

하지만 명문 고등학교에 진학하자 성적을 올리는 것이 힘들어졌다. 1학년 내내 집중하고 노력해서 공부를 해도 생각했던 것만큼 성적이 오르지 않아 성적표를 받고 울기도 했었다. 하지만 포기하지 않고 다음번에는 꼭 잘해내겠다고 다짐했고 계획을 세워 더욱더 집중해서 이를 악물고 꾸준히 공부를 했다. 2학년이 되자 그동안 해온 노력이 보상받듯 성적이 또 서서히 오르기 시작했다. 그렇게 고등학교 시절을 보내고, 조예림은 원하던 대학교에 입학했다. 조예림은 이러한 성과가 남들보다 뛰어난 능력을 가졌기 때문이라고 생각하지 않는다. 대신 이렇게 말한다.

"학창 시절 내가 스스로 목표를 세우고, 이것을 달성하기 위해 계획을 세워서 실행하고, 또 그 목표를 달성했을 때의 희열을 느끼는 이 경험들이 나에게는 가장 큰 자산이 되었다. 그 이후 취직을 하고 회사에서 일을 하고 누군가를 만나고 헤어지고, 인생의 중요한 일들을 결정하고 선택하는 데 있어서 항상 나는 나를 믿을 수 있었다. 그 믿음은 내가 항상 잘할 것이라는 믿음이 아니다. 설사 실패를 하고 잘못된 선택을 한다 할지라도, 내가 다시 일어설 수 있고 회복할 수 있고 헤쳐 나갈 수 있다는 믿음이다. 그래서 더 나의 선택과 결정에 집중하게 되고, 그 결과도 온전히 나의 책임으로 받아들이는 것이 아주 당연한 것이 되었고. 그것 자체가 나에게는 인생의 가장 큰 행복이다. 무언가를 내가 온전히 선택하고 온전히 결과를 받아들일 수 있는 사람이라는 것이 자랑스럽다."

조예림에게 있어서 인생의 주제는 아마도 자율적인 선택과 결과에 대한 책임, 그리고 자신의 선택을 좋은 결과로 만들어내기 위한 노력일 것이다. 실존주의 철학자 장 폴 사르트르는 "Life is C between B and D"라고 했는데 여기서 C는 선택choice, B는 탄생birth, 그리고 D는 죽음death을 가리킨다. 삶이란 태어나면서 죽을 때까지 끊임없이 내리는 결정의 연속이라는 것이다. 사르트르의 실존주의 철학은 정체성이라는 개념과 가깝게 맞닿아 있다. 실존주의 철학을 대표하는 말이 "실존은 본질에 선행한다"인데, 이는 누군가 살아 있다(실존)고 해서 자신이 어떤 사람인지(본질)가 저절로 결정되는 것은 아니라는 의미이다. 자신이 누구인지는, 즉 자신의 정체성은 스스로 찾지 않으면 찾을 수 없다.

나를 나로 만드는 삶

대학생 참여자였던 정민지는 어떻게 해서 자신이 페미니스트가 되었는지를 적었다. 페미니즘에 대한 정민지의 관심은 고등학교 때 만났던 한 친구로 인해 시작되었다. 페미니즘에 대해서는 거의 생각해본 적 없었던 정민지는 그 친구와 고등학교 3년을 함께 지내며 식사 시간이나 쉬는 시간에 여성의 인권과 삶에 대해 많은 대화를 나누었다. 그렇게 하여 세상을 페미니즘의 관점에서 바라볼 수 있었고, 우리 사회에서 여성의 인권이 얼마나 추락해 있는지를 인식할 수 있게 되었다.

일단 페미니즘이라는 눈으로 세상을 보기 시작하니 세상의 많은 곳에서 문제점들이 보이기 시작했다. 예를 들어, 중학교나 고등학교에서 여학생들이 교복 치맛단을 짧게 만들어 입으면 남선생님들이 "그렇게 입고 다니면 남학생들이 무슨 생각을 할지 뻔하지 않나?" 하는 말을 하고는 했는데, 이는 어떻게 옷을 입어야 하는지를 정한 규율까지도 남성의 입장에서 만들어지고 있었음을 뜻한다.

대학교에 들어와 또래 남자들과 이야기를 나눠보니 상황은 더 참담했다. 남자들이 여성의 인권에 큰 관심이 있으리라고 기대하지는 않았지만, 그 실상은 더 심했던 것이다. 심지어 평소 친하게 지내던 친구들조차 무의식적으로 여성을 비하하는 발언을 하는 것은 충격이었다. 그래서 관련 책들을 소개해주고 이러저러한 충고도 해보았으나 돌아오는 것은 깊은 통찰이 없는 반박뿐이었다. 이러한 경험을 통해 정민지는 남자들에게 여성 인권에 대한 문제의식을 심어주는 것이 얼마나 부질없는 짓인지를 깨달았다. 하지만, 이 부질없는 짓이라도 꾸준히 해나가다 보면 언젠가 우리 사회 전체가 변화하지 않을까, 하는 기대로 여성 인권에 대해 관심을 가지고 이를 신장시키려 노력하겠다고 다짐하였다.

이처럼 정민지는 페미니즘이라는 주제로 자신의 과거와 현재, 그리고 미래를 엮어내고 있다. 물론 정민지의 삶에는 페미니즘 이외의 영역도 있을 것이다. 아마 누군가를 사랑하기도 하고, 좋아하는 일을 하기도 하고, 여가 활동을 하면서 즐거운 시간을 보내기도 할 것이다. 하지만, 이 글을 썼던 시점에서 정민지를 정민지로 만드는 것은 사랑도, 일도, 여기도 아닌 비로 페미니즘이다. 정민지에게 페미니즘은 우연처럼 다가왔다. 아마 고등학교 때 그 친구를 만나지 않았더라면 평생 페미니즘에 큰 관심 없이 살았을 수도 있다. 하지만 막상 페미니즘에 눈뜨고 이를 통해 세상을 바라보니 많은 것들이 설명되었다. 그리고 그 과정에서 여성의 인권 신장이라는 사명이 자연스레 자신에게 부여되었고, 페미니즘은 정민지의 인생 이야기의 핵심 주제가 되었다.

여기서 유념해야 할 것은 인생 이야기가 하나의 주제로 똘똘 뭉쳐 있다는 것만으로 좋은 이야기가 될 수는 없다는 점이다. 어렸을 때부터 부모의 강압 때문에 판사가 되려고 공부만 하고 있는 학생의 이야기가 설사 공부로 가득 차 있다고 한들 좋은 이야기일 리 없다. 판사가 되는 것이 왜 중요한지를 설명하는 이야기가 있는지, 즉 판사로서의 삶에 얼마나 큰 의미를 부여하고 있는지가 중요하다.

꼭 여러 벌 입어보고 옷을 사야 하나?

내가 정체성을 연구한다고 말하면 왜 정체성을 찾는 것이 중요하냐고 묻는 사람이 종종 있다. 이에 대해 정체성이 있는 사람들이 행복하고 자존감도 높고 우울하지 않고 스트레스에도 잘 대처한다는 내용의 심리학 연구 결과를 소개할 수도 있다. 하지만 가장 직관적이고 이해하기 쉬운 답변은 옷에 비유하는 것이다. 자신에게 딱 맞는 옷을 입으면 편하고 좋으니까. 아무리 비싼 명품이라고 해도 자신의 체구에 비해 옷이 작으면 입기 불편하고, 크면 남의 옷을 얻어 입은 듯 없어 보인다. 삶도 마찬가지이다. 아무리 남들 보기에 좋은 삶이라도 자신에게 맞지 않으면 행복하고 의미 있게 살 수 없다.

옷을 살 때 보통 얼마나 많은 옷을 입어보는가? 어떤 때는 수많은 옷을 입어봐도 마음에 드는 옷이 없을 때가 있다. 하지만 때로는 처음 입어본 옷이 딱 마음에 들어 큰 고민 없이 곧장 사기도 한다. 자신의 정체성을 찾는 것도 이와 비슷하다. 진짜 자신의 길을 찾아 이 길도 걸어보고 저 길도 걸어볼 수 있지만, 그냥 지금껏 걸어왔던 길이 자연스레 자신의 길이 될 수도 있다.

그런데 많은 사람들이 정체성을 찾는다고 하면 지나치게 거창한 것들을 생각한다. 정체성이란 질풍노도와 같은 방황의 길을 걸었던 자만이 얻을 수 있는 무언가로 여긴다는 것이다. 하지만 핵심은 지금의 길에 이르기까지 얼마나 많은 방황과 탐색을 했는지가 아니라, 지금 이 길의 중요성을 얼마나 내면화internalization했는지이다. 같은 일을 하더라도 어떤 사람은 남이 시켜서, 어떤 사람은 돈이나 명예와 같은 보상 때문에 일을 한다. 하지만, 어떤 사람은 자신이 정말로 중요하게 여기는 가치를 실현하기 위해, 혹은 일하는 것 자체가 즐거워서 일을 한다. 전자에 비해 후자의 사람들이 그 일을 더 내면화했다고, 즉 자신의 일부로 받아들였다고 말할 수 있다. 이런 내면화 과정을 거쳤다면 김연아나 요요마처럼 평생 하나의 일에만 매진했더라도 정체성이 잘 형성되었다고 할 수 있다.

해야 하는 일과 하고 싶은 일 사이

김연아가 스무 살에 썼던 자서전 《김연아의 7분 드라마》에 의하면, 김연아는 피겨 스케이팅을 시작하기 전에 1년간 배운 피아노 연주를 제외하고는 다른 일을 해본 적이 없다. 김연아는 포환을 던져보며 자신의 적성에 맞는지 알아보지 않았고, 심지어 유사 종목인 스피드 스케이팅에 소질이 있는지조차 확인하지 않은 채 피겨 스케이팅에만 집중해왔다. 이렇게 피겨 스케이팅으로 똘똘 뭉친 스무 살의 김연아에게 피겨 스케이팅을 내면화하는 과정이 있었을까?

'사춘기, 그 어둠의 터널을 지나'라는 소제목을 단 글에서 김연아는 자신의 고민을 이렇게 토로한다. "그때는 나도 나를 어쩔 수가 없었다. 심성을 추스르는 방법도 몰랐고, 그저 나를 둘러싼 모든 게 싫고 답답했다. 내가 좋아서 시작한 스케이팅마저도 엄마가 시켜서 하는 것 같았고, 완벽하게 짜여져 빠져나올 수 없는 틀에 갇혀 사는 불쌍한 신세인 것만 같았다." 그러다 부상까지 겹쳐 결국 엄마와 코치와 의논한 끝에 당시 준비하던 전국체전 출전을 끝으로 피겨 스케이팅을 그만둘 결심을 하였다. 하지만 막상 대회가 끝나자 다시 피겨 스케이팅이 하고 싶어졌다며 이렇게 적는다.

누구도 강요하는 것을 즐겁게 할 수 없다. 스스로를 움직일 수 있는 '꿈의 이유'가 없다면 금세 포기하게 되기 때문이다. 사춘기 시절 롤러코스터처럼 격하게 변하던 내 마음속에 피겨는 다시 '해야 하는 것'이 아니라 '하고 싶은 것'으로 자리 잡았다. 나는 그렇게 한바탕 성장통을 앓으며 소중한 것들을 하나씩 배워가고 있었다.

이 부분이 바로 내면화 과정, 즉 자신에게 피겨 스케이팅이 어떤 의미가 있는지 고민하고, 이것을 자신의 핵심으로 받아들이는 과정이다. 김연아처럼 평생 한 가지 일을, 하지만 훨씬 더 오랫동안 해온 첼리스트 요요마는 어떨까? 요요마에게도 그런 내면화 과정이 있었을까? 요요마는 아직 자서전을 쓰지 않은 것처럼 보이지만, 몇 년 전 어느 일간지와 했던 인터뷰에 관련 내용이 나온다.

19세 때 뉴욕에서 독주회를 했다. 완벽하게 연주하고 싶었고 1년을 준비한 무대였다. 아주 잘 준비된 무대였다. 연주가 시작됐고 모든 것이 잘 흘러가고 있었다. 그런데 불현듯 '이건 아주 지루하다'는 생각이 들기 시작했다. 살아 있지 않은 듯한 기분이었다. 이때가 나의 전환점이었다고 본다. 완벽해야 한다는 마음이 문제였던 것이다. 나 자신이 아니라 다른 사람에게 어떻게 들릴까만을 생각했던 셈이다. 나는 이때를 '해야 한다should' 를 '하고 싶다want to'로 바꾼 순간으로 부른다.

이 마지막 문장은 김연아의 자서전에 나오는 말(사춘기 시절 롤러코스터처럼 격하게 변하던 내 마음속에 피겨는 다시 '해야 하는 것'이 아니라 '하고 싶은 것'으로 자리 잡았다)과 놀랍도록 유사하지 않은가? 첼로든, 피겨 스케이팅이든, 페미니즘이든 하나의 주제에 매진하기 위해서는 이런 식의 내면화 과정을 거칠 수밖에 없다.

그런데 실은 요요마의 인터뷰에 흥미로운 부분이 하나 더 있다. 여섯 살에 데뷔해 50년 넘게 활동을 해왔음에도 그동안 추문에 얽힌 적이 없고 얼굴 한 번 찡그리는 모습을 보기 어려운데 그 에너지가 어디에서 나오냐고 기자가 묻자 요요마는 다른 사람들의 이야기를 아는 것이 중요하다고 대답한다. "그들이 정신적 상처와 싸우고 극복한 과정을 알아야 한다. 그렇게 사회와 역사, 특히 그 안의 사람들에게 주목할 때 당신이 누구며 이 세계에서 어떻게 살아야 하는시 알게 된다. 그후에는 자신이 하는 일을 비관하거나 낙담할 수가 없어진다. 내가 하버드 대학교에서 인류학을 선택해 공부한 이유이기도 하다." 나는 요요마의 이 말이 이렇게 들린다. 이야기를 통해 남들의 아픔을 이해하고, 그들을 위해 자신이 할 수 있는 일이 무엇인지 깨닫게 되면 좋은 에너지는 저절로 나온다. 그리고 이는 곧 자기 자신의 정체성을 확립하는 과정이기도 하다.

우리는 꿈꾸는 법을 잘못 배웠다

2018년 온라인 채용 포털 서비스 업체인 인크루트가 2,917명을 대상으로 '올해의 유행어'에 대해 설문조사를 한 결과 소확행(소소하지만 확실한 행복)이 28.8퍼센트로 1위를 차지했다. 왜 오늘날 한국인, 특히 젊은이들이 소소하지만 확실한 행복을 추구하게 되었을지에 대해서는 분명 공감되는 부분이 있다. 청소년 시절에는 대학교에 갈 때까지 인내해야 했고, 대학교에 들어가니 취업할 때까지 인내해야 했지만 막상 취업을 해도 멋진 신세계는 열리지 않고 기다림 끝에 맛볼 수 있는 달콤한 열매는 더 이상 남아 있지 않다. 세상은 빠르게 변해 미래는 불확실하고 아무리 생각해도 한푼 두푼 돈을 모아서는 제대로 된 집 한 채 마련하는 것도 어려운 상황이니 비록 소소할지라도 당장 확실하게 얻을 수 있는 행복을 취하고 싶을 수 있다.

나는 소확행 심리에 대해 어느 정도 동의한다. 행복은 기본적으로 소소한 감정이기 때문에 너무 먼 곳에서 찾기보다는 삶의 곳곳에 숨어 있는 행복의 씨앗을 찾아 꽃피우는 것은 좋다고 생각한다. 미세먼지 없이 한없이 맑은 하늘을 보는 것만으로도 실은 행복할 수 있다. 하지만, 나는 소소하지만 확실한 행복'만'을 추구하는 것에 대해서는 그리 동의하지 않는다. 학교든 취업이든 미래를 위해 현재를 희생하는 것이, 만약 그 미래가 자신에게 충분히 의미 있는 일이라면 나쁘다고 생각하지 않는다.

판사가 되고 싶은 홍지후는 대학교에서 정의에 대한 강의를 들으며 정의란 무엇인지, 어떻게 실천해야 하는지 생각할 기회를 얻었고, 나아가 한국 사회에 여전히 부정의가 만연해 있음을 깨닫게 되었다. 그러면서 사회 정의를 실현할 수 있는 마지막 보루가 판사라는 것을 실감하였다. 판사가 되기 위해 법학전문대학원에 진학하였고 좋은 점수를 받기 위해 현재의 소소한 행복을 뒤로한 채 학업에 매진하였다. 그런데 만약 변호사 시험에서 좋은 성적을 받지 못하여 판사가 되지 못하고 간신히 통과만 하는 수준이라면, 아니 변호사 시험 자체를 통과하지 못하면 홍지후의 삶은 실패한 삶인가? 홍지후의 삶은 왜 소확행을 추구해야 하는지를 확인시키는 타산지석에 불과할 뿐인가?

만약 홍지후의 목표가 단순히 판사가 되는 것이었다면 그럴 수도 있을 것이다. 하지만 홍지후의 목표는 판사가 되는 것이 아니라 정의로운 사회를 만들기 위해 노력하는 것이었고 판사가 되는 것은 그 목표를 이루기 위해 선택한 하나의 수단이었다. 판사가 아니라 변호사가 되어도 정의로운 사회를 만드는 데 이바지할 수 있다. 설사 변호사가 못 되었더라도 법학전문대학원에서 얻은 지식을 바탕으로 언론사나 사회단체에서 일을 하며 정의를 구현하려 노력할 수도 있다. 비록 계획했던 것만큼 멋지지 않을지는 몰라도 이런 삶 역시 충분히 훌륭하고 의미 있는 삶이다. 나는 최근 한국인들이 소확행에 공감하는 이유 중의 하나가 왜 판사가 되고 싶은지, 판사가 되어 무엇을 하려 하는지를 고려하지 않은 채 단지 판사라는 명함을 얻기 위해 현실을 포기하며 살아왔기 때문이라고 생각한다. 왜 이 힘든 시간을 견뎌야 하는지 모르고 자신도 잘 설득이 되지 않으니 불확실함을 담보로 하는 성취에 큰 의미를 느끼지 못하는 것이다.

하지만, 성취라는 것이 꼭 사회적으로 인정받는 무엇일 필요는 없다. 만약 내가 한 가지 주제를 잡아 내 인생 이야기를 쓴다면 그 주제는 '더 좋은 사람으로 성장하는 것'이 될 것이다. 나는 다른 사람은 물론 나에게 부끄럽지 않은 삶을 살고자 노력하고, 이를 위해 내가 할 수 있는 일이 무엇인지 고민한다. 교수로서 더 좋은 연구와 교육을 하고자 노력하는 지금도 그렇고, 국제 교환학생을 담당하는 직원으로서 한 명이라도 더 외국 대학교에 보내고자 노력했던 과거에도 그러했다. 나는 아내에게 더 좋은 남편이 되기 위해, 딸에게 더 좋은 아빠가 되기 위해, 부모님께 더 좋은 자식이 되기 위해, 누나들에게 더 좋은 동생이 되기 위해 노력한다.

흔히들 일의 성패는 '운칠기삼'이라고 말하지만, 성패를 논하는 일이 무엇이냐에 따라 이 말의 타당성은 달라진다. 시험에 붙고, 특정 자리에 임명되는 식의 사회적 성취를 얘기하는 것이라면 운칠기삼이라는 말에 동의할 수 있다. 하지만, 더 좋은 사람이 되는 것, 인격적으로 더 성숙한 사람이 되는 것, 세상을 정의롭게 만들기 위해 스스로 정의롭게 사는 것, 환경보호를 위해 친환경적 활동을 하는 것, 약자를 배려하는 것에 무슨 운이 영향을 미치겠는가? 개인의 결단과 노력이 있을 뿐이다.

우리는 꿈꾸는 법을 잘못 배우고 잘못 가르쳐왔다. 우리는 아이들에게 커서 뭐가 될 것이냐고 묻는다. 어떤 명함을 가진 사람이 되고 싶은지 묻는 것이다. 우리는 아이들에게 어떤 일을 하며 살고 싶은지, 어떤 일에 재미를 느끼는지, 어떤 일이 중요하다고 생각하는지를 물어야 한다. 다시 말하지만, 삶은 명사가 아니라 이야기이기 때문이다. 꿈은 가슴에 품고 살고 싶은 인생 이야기에 대한 상상이어야 한다. 그

랬을 때 비로소 그 꿈으로 똘똘 뭉친 인생 이야기를 써나갈 수 있다. 소소하게 누리는 행복도 물론 중요하지만, 소소한 행복을 넘어서는 주제가 있는 삶이 더 의미 있고 풍요로울 것이다.

정체성을 찾는다는 것…

내가 나의
인생을 관통하는
주제를 찾는 것

...는 한국 사회의 ... 영어와 ... 그대로 서울른 ...
...러 남들 사는 대로 열심히 살기만 하면 그럭저럭 살 만했는데, 이제
...는 ...으로 돌리고 ... 운구가 사라진 ... 따를 수에 있는 것이다.
결국 더 이상 이런 삶을 살 수는 없다며 사람들이 용기를 내서 행동에
나서고 있다. 단적인 예가 하란이다. 처음은 더 늦기 전에 애써 무언가
를 하지 않고 좀 쉬어가며 살기 위해 회사를 그만두고 《아니러면 열
심히 살 뻔했다》를 썼다.

나가는 직장을 그만두고 자신이 원하는 삶을 사는 사람들의 이야기
가 하루가 멀다 하고 등장한다. 연세대학교를 졸업하고 다국적기업과
LG전자에서 일했던 손은정은 커버력 같은 삶을 살다가 어느 순간 삶

5장

의미를 만들거나
의미를 찾거나

삶에는 자기 자신이 부여하는 의미 이외에는 아무런 의미가 없다.

- 에리히 프롬 -

삶의 의미는 이야기 속에 있다

이 세상에, 우리의 삶에 원래 존재하는 의미가 있을까? 대략 140억 년 전 빅뱅이 일어났을 때 우주를 어떤 모습으로 만들겠다는 목적이 있었을까? 대략 40억 년 전 생명이 시작되었을 때 어떤 의미를 이루며 살겠노라는 다짐이 있었을까? 그럴 리 없다. 어떤 절대자의 존재를 믿는 종교인들이 나 같은 무신론자에 비해 좋은 점이 하나 있다면, 그것은 절대자를 통해 삶의 의미를 비교적 손쉽게 얻을 수 있다는 점이다.

아마 심리학 역사상 삶의 의미를 가장 중요한 학문적 주제로 여겼던 사람은 빅터 프랭클Viktor Frankl일 것이다. 프랭클은 오스트리아에서 태어나 정신과 의사로 일을 하다가 아우슈비츠에 수감되었다. 나치 수용소에서 누나를 제외한 아버지, 어머니, 형제, 그리고 아내를 모두 잃고 자신의 목숨조차 부지할 수 있을지 없을지 모르는 시련 속에서도 프랭클은 삶의 의미를 찾고자 하였고, 결국 살아남아《죽음의 수용소에서》라는 책을 통해 아우슈비츠에서의 경험을 세상에 알렸다.

그가 창시한 심리치료 기법이자 의미치료라 번역되기도 하는 로고테라피logotherapy는 사람들이 정말로 원하고 또 필요로 하는 것은 단순히 삶에서 고통을 피하거나 쾌락을 얻는 것이 아니라 살아가야 할 의미를 찾는 것이라는 전제에서 출발한다. 문제는 현대인들은 자신의 삶의 의미를 찾기가 어려워졌다는 것이다. 인간을 제외한 많은 생명체들에게 있어 어떻게 살아야 하는가는 아마도 큰 문제가 아닐 것이다. 조금이라도 더 햇살이 잘 비치는 곳을 향해 가지를 뻗는 나무, 더 많은 꿀을 얻기 위해 날아다니는 꿀벌의 움직임을 의미를 찾기 위한 고민의 결과라고 보기는 어렵다. 삶의 의미에 대한 고민은 진화의 과정에서 추상적 사고 능력을 얻게 된 극소수의 생명체만 할 수 있다.

하지만 삶의 의미가 무엇인지 질문할 수 있는 추상적 사고 능력을 얻었다는 것 자체가 의미의 상실로 이어지는 것은 아니다. 실제로 오랫동안 인류는 각 집단의 역사와 전통에서 삶의 의미를 찾았다. 조선 시대 양반은 나라에 충성하고 부모에 효도하는 데서 삶의 의미를 찾았다. 그래서 부모님이 돌아가시면 무덤 앞에서 3년간 상을 치르는 것이 당연하고 또 의미 있는 일이었다. 유교적 전통이 이런 행동에 의미를 부여하는 것이다. 하지만 현대사회는 급격하게 변하고 있고 과거의 전통을 무조건 따르는 것은 미덕이 아닌 악덕으로 여겨지고 있다. 전통을 무시하는 행위를 두고 옳고 그름을 논하자는 것이 아니다. 전통을 무시하기 때문에 현대인들은 삶의 방향을 가리키는 지표를 잃어버리게 되었다는 것이고, 그와 함께 의미 있는 삶에 대한 답 역시 상실했다는 것이다. 프랭클은 이렇게 삶의 의미를 상실한 현대인의 상태를 '실존적 공허'라 부르고, 이를 치료하기 위해 로고테라피를 고안하였다.

그래서 삶의 의미는 무엇인가? 프랭클은 이 질문은 마치 체스 챔피언에게 이 세상에서 가장 절묘한 수는 무엇인지 묻는 것과 같다고 말한다. 현재 어떤 판이 벌어지고 있는지를 고려하지 않은 절묘한 수란 존재하지 않는다. 마찬가지로 모든 사람에게 맹목적으로 적용되는 삶의 의미란 존재하지 않는다. 자신이 살고 있는 삶의 맥락에서 고유한 의미를 찾아야 한다. 나는 바로 이 대목에서 로고테라피와 인생 이야기가 만난다고 생각한다. 각 개인은 자기만의 인생 이야기를 가지고 있기 때문에 삶의 의미 역시 그 이야기 속에서 찾아야 한다.

삶의 의미를 찾는 방법 세 가지

일

구체적으로 프랭클은 삶의 의미를 찾는 방법 세 가지를 소개한다. 첫째로 무엇인가를 창조하거나 어떤 일을 하는 것이다. 요즘 거리에서 신기하게도 바퀴가 두 개 달린 채 균형을 유지하는 1인용 이동 수단을 타고 다니는 사람을 흔히 볼 수 있는데, 그 원조가 '세그웨이segway'다. 세그웨이를 발명한 딘 카멘Dean Kamen은 〈테드Ted〉에서 몇 차례 강연을 한 적이 있는데 나는 그중 2009년에 했던 '발명 뒤에 있는 감정The emotion behind invention'이라는 강연을 좋아한다. 이 강연에서 카멘은 전쟁에서 팔을 잃은 젊은이들을 위해 로봇 팔을 만들게 된 과정을, 그렇지 않아도 자기 사업으로 바쁜 자신이 왜 시간을 쪼개어 이 일을 하게 되었는지를 이야기한다. 그 이야기를 하는 내내 그의 목소리와 눈은 촉촉하게 젖어 있다. 카멘이 로봇 팔을 만드는 것이 자신에게 큰 의미가 있다는 말을 대놓고 하지는 않지만, 그의 눈물과 목소리는 말보다 더 많은 것을 이미 전하고 있다.

연구 참여자였던 김도현은 고등학교 때부터 세상을 조금 더 나은 곳으로 만들고 싶다는 막연한 꿈을 가지고 있었다. 하지만, 더 나은 세상이란 어떤 세상인지, 또 어떻게 그런 세상을 만들 수 있는지 알 수 없었다. 그러다가 대학교 2학년 때 있었던 두 번째 교육 실습을 하면서 구체적인 상을 그려볼 수 있었다. 그가 교육 실습을 나간 서울 어느 동네의 경제적 여건은 상당히 좋지 않았다. 절반 정도 되는 아이들이 편부모 밑에서 살았고, 몇몇 아이들은 부모가 사업에 실패해 도망치듯 그곳으로 이사를 왔다. 어떤 아이는 할아버지, 아버지와 함께 살았는데 두 분 모두 암 환자였다.

어려운 환경에서 살아 당연히 표정이 어두울 것이라 짐작했으나 아이들은 놀라울 정도로 밝은 모습으로 교생들을 맞이했다. 교육과정의 일부이기 때문에 의무적으로 학교에 끌려 나간 교생들이 그 아이들에게는 반가운 손님이었고 친구였으며 자신들의 고민을 공유할 수 있는 대상이었다. 아이들은 김도현을 비롯한 교생들에게 담임선생님과는 나누지 못한 마음속 깊은 이야기를 나누고 집에 가고는 했다.

김도현은 세상을 조금 더 나은 곳으로 만들고 싶다는 자신의 막연한 꿈을 실현할 수 있는 길이 바로 거기에 있음을 깨달았다. 어려운 환경에 놓인 아이들에게 물질적이든, 육체적이든, 정신적이든 희망을 줄 수 있는 교사가 된다면 이 또한 가치 있는 인생이 될 것이라 생각했다. 어쩌면 별 것 아닌 자신이지만 누군가의 인생에 있어서는 소중한 전환점이 될 수 있다는 기대가 오늘도 김도현으로 하여금 교사로서의 삶을 살아가게 한다.

하지만 의미 있는 일이라는 것이 꼭 거창할 필요는 없다. 나와 같은 교수는 좋은 학생을 길러냄으로써, 요리사는 배고픈 사람들에게 맛있는 음식을 제공함으로써 자신의 일과 삶에서 의미를 찾을 수 있다. 먹고살아야 해서 사람들의 머리를 자른다는 미용사와 사람들에게 멋지고 예쁜 모습을 찾아주고 싶다는 미용사는 같은 일을 하더라도 전혀 다른 삶을 살 것이다.

사랑

다음으로 삶의 의미를 찾는 방법은 사람과의 관계 맺음, 즉 사랑이다. 사랑하는 사람이 생기면 사랑하는 마음만으로 충만한 의미를 경험하게 된다. 떨어져 있으면 자꾸만 보고 싶고, 생각만 해도 콧노래가 절로 나올 만큼 사랑에 빠져 있는 사람에게 왜 사느냐는 질문은 무의미하다. 자식에 대한 사랑 또한 마찬가지이다. 혼자서 돌아눕지도 못해 하루 종일 누워만 있는 아기가 한 번씩 보여주는 미소에 삶의 고단함은 금세 날아가 버린다. 우리는 사랑하는 사람을 위해 온 힘을 다해 살 수도 있고 기꺼이 죽을 수도 있다. 서지유는 자식들과 함께했던 시간들 속에서 어떻게 삶의 의미를 찾았는지 생생하게 묘사했다.

내 인생의 모든 것을 이루고 있는 경험은 자녀의 출산과 양육이다. 두 명의 자녀를 낳고 기르는 동안 내가 한 모든 행동과 모든 생각, 그리고 수없이 일어났던 사건과 경험들은 지금의 나를 형성했다. 그 토대를 이루는 가장 기본적인 감정은 행복과 감사이다. 자녀를 키우면서 아이들이 한 모든 행동은 그때마다 나를 행복하게 했고, 이런 기쁜 경험을 할 수 있음에 대해서 감사하게 했다. 첫 옹알이, 첫 걸음마, 초등학교 입학부터 받아쓰기 시험에 처음으로 100점 맞았던 순간까지. 어버이날이면 삐뚤삐뚤한 글씨로 전해준 카네이션 편지와 지금 읽어도 웃음이 나던 그때의 재미있는 일기들. 아이들이 성장해나가는 동안 나는 아이들이 세상에서 맞이하는 그 모든 첫 번째 경험을 함께했고, 그 경험들은 아마도 내가 세상에 태어나 느낄 수 있을 최고의 행복을 가져다주었다.

때로는 좌절과 실패도 느꼈다. 자녀들이 이 사회의 구성원으로, 떳떳한 성인으로 성장해나가는 과정에서 일탈이나 방황의 시기를 겪을 때마다 나는 그들의 실패를 나의 실패와 동일하게 느꼈다. 자녀가 잘못된 길로 나아감을 느낄 때마다, 사춘기 속에서 잘못된 생각과 사고를 가지고 있음을 알게 될 때마다 거짓말처럼 내 몸과 마음이 아팠다. 그 잘못된 생각과 사고를 이해해보려고 끊임없이 노력하기도 했고 불같이 화를 내기도 하였으며, 온 세상이 나를 괴롭히고 있는 기분이 들기도 했다.

나의 아이들은 또 하나의 나였으며, 나의 분신과도 같았다. 행복이 있던 만큼 힘든 시간 또한 있었다. 사랑하는 나의 아이들과 함께한, 내 인생의 이 모든 경험을 하면서 나는 한 사람의 인생에서 할 수 있는 가장 가치 있는 일을 했다고 생각한다. 아이들 덕분에 나는 행복했고 우울했으며, 감사했고 슬퍼했다. 그렇지만 아이들 덕분에 나는 살아 있는 데에 의의를 가진다. 내 삶의 의미를 찾을 수 있고, 그 아이들 덕분에 지금의 나는 살아 있다. 아이들 덕분에 나는 가치 있는 삶을 살고 있으며 가치 있는 사람이 되었다.

시련

프랭클이 제시한 삶의 의미를 찾는 마지막 길은 시련을 통하는 것이다. 지그문트 프로이트는 오랫동안 굶주림에 시달리면 사람들 간의 차이는 모호해지고 모두 비슷한 방식으로 행동할 것이라고 주장했다. 하지만 프랭클이 배고픔보다 더 큰 시련이라고 할 수 있는 죽음의 수용소에서 경험한 바에 따르면 인간의 모습은 그렇지 않았다. 누군가는 쉽게 생을 포기했고, 누군가는 짐승과 다를 바 없이 행동했고, 누군가는 폐인이 되어버리기도 했지만, 또 다른 누군가는 성자처럼 행동하기도 했다. 시련이라고 하는 객관적인 상황의 압력이 아무리 강하더라도 자동적으로, 예외 없이 모든 인간을 굴복시키지는 못한다. 프랭클은 자신의 로고테라피를 통해 인간이 시련을 휘몰아오는 상황을 변화시킬 수는 없을지라도 그 시련에 대한 자신의 태도를 선택할 수는 있음을 피력하였다. 우리는 시련 앞에서 무릎을 꿇을 수도 있지만, 인간의 품격을 유지할 수도 있다.

실제로 조금만 생각해보면 우리는 주변에서 시련 앞에 굴복하지 않은 사람들을 어렵지 않게 찾을 수 있다. 1997년 MBC 다큐멘터리를 통해 소개되었던 이구원은 선천성 사지절단증으로 팔다리 없이 태어났다. 부모도 없는 여덟 살의 나이로 팔다리 없이 방바닥을 굴러다니면서도 얼굴에 웃음을 잃지 않았던 이구원은 많은 사람들로 하여금 삶의 의미에 대해 생각해보게 했다. 오스트레일리아에도 같은 병을 가지고 태어난 닉 부이치치가 있다. 82년생 부이치치는 지금까지 무려 여덟 권의 책을 내었고 대중 강연가로서 활동하면서 지체장애인들을 위한 기관인 '사지없는인생'의 대표를 맡고 있다.

프랭클은 《죽음의 수용소에서》에서 열일곱 살이라는 나이에 다이빙을 하다가 사고를 당해 목 아래가 마비된 제리 롱이라는 청년의 일화를 소개한다. 입에 막대를 물고 타이프를 치며 전화기를 통해 대학교 강의를 듣는 롱은 어느날 프랭클에게 보낸 편지에서 이렇게 적었다. "저는 제 삶이 의미와 목표가 충만한 삶이라고 생각합니다. 그 운명의 날에 대한 나의 태도가 삶을 바라보는 내 자신의 신조가 되었습니다. 나는 내 목을 부러뜨렸지만, 내 목이 나를 무너뜨리지는 못했습니다. 저는 지금 대학교에서 처음으로 심리학 과목을 듣고 있습니다. 나는 내 장애가 다른 사람들을 돕는 내 능력을 더욱 향상시켜줄 것이라고 확신합니다. 시련이 없었다면 내가 지금 도달한 인간적인 성숙은 불가능했을 것입니다."

인문학, 인생에 의미를 부여하다

이렇게 극단적인 경우까지는 아니더라도 세상에는 크고 작은 시련이 있다. 그중 많은 시련은 단순히 자신이 특정 지역, 특정 가정에서 태어났기 때문에 발생하기도 한다. 그런데 누군가는 그런 어려운 환경 속에서 중심을 잡고 훌륭히 성장하기도 한다. 삶의 시련을 극복하고 우뚝 선 사람들에게 공통된 특징이 있을까? 몰입flow에 대한 연구로 잘 알려진 미하이 칙센트미하이가 이에 대한 답을 찾고자 했다. 이를 위해 36세에서 75세 사이의 성인 서른 명을 참여자로 모집했다. 이들은 모두 어린 시절에 불우한 환경에서 자랐지만, 그중 열다섯 명은 나중에 사회적으로 크게 성공한 사람들이었고, 다른 열다섯 명은 그렇지 못한 사람들이었다. 두세 시간에 걸친 인터뷰를 통해 칙센트미하이는 이 두 그룹 사람들의 인생 이야기를 수집하였고 어떤 점이 서로 다른지 분석했다.

분석 결과 몇 가지 차이점이 나타났는데 그중 두 가지를 언급하고자 한다. 첫째는 성공한 사람들의 경우 부모로부터 미래의 성공적인 삶에 대한 얘기를 들었다는 점이다. 이는 반드시 잘나가는 특정 직업을 가지라는 부모의 요구와는 다른 것이다. 부모의 희망과 기대로 인해 자식들은 (그 구체적인 내용이 무엇이었든 상관없이) 장래에 지금보다 더 나은 삶을 살 수 있으리라는 희망을 품었고 이를 이루기 위해 필요한 과정이 무엇인지 깨달았다. 이는 절망 속에서 벗어나기 위해서는 희망이 필요하다는 프랭클의 주장과 일치하는 연구 결과이다.

내가 더 주목하고 싶은 차이는 바로 이런 사람들은 어려서 책을 많이 읽었다는 것이다. 이들은 책을 통해 자신만 이런 시련을 겪는 것이 아님을 깨달았고, 나아가 비슷한 시련을 겪었던 주인공이 이를 극복하는 이야기를 읽으며 자신도 그렇게 할 수 있다는 믿음과 의지를 갖게 되었다. 남들이 겪는 시련이 결국 더 나은 결말을 향해 가는 과정이었음을 보며, 자신이 겪는 시련 역시 인생이라는 책의 한 장일 뿐이고 책은 아직 끝나지 않았음을 깨달았던 것이다. 인문학 책을 읽어야 하는 이유가, 자식들에게 인문학 책을 읽도록 도와주어야 하는 이유가 바로 이것이다. 주식이나 부동산 투자법에 관한 책이 얼마간의 경제적 이익을 가져다줄 수도 있지만, 인문학 책은 역경을 이겨내는 힘과 삶의 의미를 일깨운다.

인문학, 특히 시 한 편이 삶에 끼친 영향에 대해 글을 썼던 조아인의 예를 들어보자. 조아인은 고등학교 시절 문제집에서 윤동주의 〈서시〉를 읽게 되었다. 글귀 하나하나가 마음에 깊게 와닿았지만, 무엇보다도 '죽는 날까지 하늘을 우러러 한 점 부끄럼 없이'라는 구절이 정말 인상 깊었다. 이 부분을 읽으면서 조아인은 지금까지 살아온 삶이 과연 부끄럽지 않은지, 앞으로 살아갈 삶은 부끄럼이 없을지 생각했다. 그런 생각을 하고 있자니 당장 중고등학교 때 게임에 빠져 부모님과 매일매일 싸우며 살았던 날들에 대한 후회가 밀려왔다. 그리고는 '아직 잘못을 바로잡을 시간이 많은 지금의 내가 느끼는 부끄러움도 이렇게 크게 다가오는데, 인생의 막바지에 되돌아보았을 때 내 삶에 대해 회의감이 든다는 것은 얼마나 슬픈 일일까?' 하는 생각이 뇌리에 깊게 박히게 되었다. 그후 조아인은 어떤 일을 하든 항상 자신에게 당당할 수 있는 삶을 살자고 다짐했고, 과학기술원을 자퇴하고 재수하여 고려대학교에 입학하게 되었다. 또 과거에는 경제적인 성공을 위해 맹목적으로 노력했으나 이제 자신의 내적인 성장을 추구하는 삶을 살고 있다.

3장에서 소개했던 라정윤의 삶의 이야기도 여기에 해당한다. 죽음에 관한 인문학 책을 읽는 것은 어떤 면에서 보면 아무짝에도 쓸모없는 일일지도 모르겠으나, 라정윤은 인문학적 책읽기를 통해 "내일 죽어도 후회하지 않게, 내일 죽지 않아도 후회하지 않게"라는 삶의 좌우명을 얻을 수 있었다. 자신의 삶이 돈을 벌기 위한 수단에 불과하다면 돈을 많이 벌고 직장에서 성공하는 법을 가르쳐주는 실용서를 읽는 것으로 족할 것이다. 하지만 자신의 삶 자체가 숭고한 목적이라면 삶에 의미를 불어넣을 수 있는 인문학 책을 읽을 필요가 있다.

부시맨의 두 가지 굶주림

그런데 삶의 의미는 찾는 것일까, 만드는 것일까? 한국어에서는 의미를 찾는다는 말이 익숙하지만, 영어에서는 주로 의미를 만든다meaning making는 표현을 쓴다. 의미를 만드는 것인지 찾는 것인지는 철학적으로는 상당히 중요한 문제일 수 있지만 여기서 무엇이 맞는지 논쟁을 할 필요는 없다. 이에 대한 내 입장은 이렇다. 원래 세상에 의미라는 것은 없기에 의미는 만드는 것이지만, 의미를 만드는 과정이 경험적으로는 의미를 찾는 것처럼 느껴진다. 의미가 만드는 것이든 찾는 것이든 중요한 점은 자신의 인생 이야기에 의미를 부여하는 일이다.

이창동의 영화 〈버닝〉에서 해미(전종서 분)는 아프리카 여행을 다녀와서 두 가지 종류의 굶주림에 대해 이야기한다. 칼라하리 사막에 사는 부시맨에게는 두 가지 굶주림이 있는데 리틀 헝거little hunger는 육체적으로 배가 고픈 것이고, 그레이트 헝거great hunger는 삶의 의미에 굶주려 있는 것이라는 내용이다. 이 이야기는 부시맨의 존재를 세상에 처음 알린 작가이자 영국 찰스 왕세자의 정신적 스승이기도 했던 로렌스 반 데어 포스트가 전한 것이다. 이에 덧붙여 포스트는 궁극적으로 인간을 깊고 극심한 고통에 빠뜨리는 방법은 의미 없는 삶을 살게 하는 것이라고 했다.

나는 공무원이라는 직업을 리틀 헝거와 그레이트 헝거라는 관점에서 재조명하고 싶다. 공무원이 되고자 하는 많은 사람들은 이 직업이 안정적으로 리틀 헝거를 해결해줄 수 있다는 점을 높이 평가하지만, 소위 성공한 사람들은 이 직업이 그레이트 헝거를 해결해줄 수 없다고 폄하한다.

언젠가 한때 젊은이들의 우상이었던 베스트셀러 작가의 강연을 들은 적이 있었는데, 이 강사는 7급 공무원이 되는 게 꿈이라고 말했던 학생의 등짝을 내리쳤다고 자랑스럽게 얘기했다. 젊은이로서 자신의 가슴을 뛰게 하는 일을 할 생각은 안 하고 편안하게 공무원이나 할 생각을 해서 혼을 냈다는 것이다. 한국 사회에 분명 공무원에 대한 이런 고정관념이 있고, 내가 만났던 학생들 중에도 자신이 공무원 시험을 준비하고 있다고 부끄러운 투로 말하는 학생이 꽤 있었다. 그런 학생들에게 나는 이런 식의 조언을 한다.

나는 공무원이 되겠다는 목표에 아무런 문제가 없다고 생각한다. 큰 액수가 아니더라도 꾸준히 통장에 돈이 들어와야 하는 상황에 처해 있거나, 성격상 불안을 많이 느끼는 사람의 경우 공무원이라는 직업이 주는 삶의 안정성이 도움이 될 수 있다. 하지만, 오직 그 안정성 때문에 공무원이 되고자 하는 사람은 본인을 위해서도 잘못된 선택을 하고 있다고 생각한다. 직장에서 딱 여덟 시간만 일한다고 해도 인생의 3분의 1은 일을 하며 보낸다. 하지만, 하루의 3분의 1은 잠을 자야만 한다는 점을 고려하면, 사람들은 깨어 있는 시간의 거의 절반을 일하는 데 사용한다. 하루 종일 아무런 의미도 재미도 없는 일을 하면서 시계만 바라보고 사는 삶이 절대 만족스러울 리 없고 행복할 리 없다. 일에서 얻을 수 없는 재미와 의미를 여가 활동을 통해 보충하는 것도 한계가 있다.

공무원의 본질은 '철밥통'에 있지 않다. 공무원은 우리가 사는 세상이 잘 돌아가게, 그리고 되도록이면 더 나아질 수 있도록 일하는 사람들이다. 공무원이 하는 일은 대기업 회장도 할 수 없는 일이다. 실제로 많은 정책들이 우리 삶에 큰 영향을 미쳤다. 한 예로 1995년 도입된 쓰레기 종량제와 재활용품 분리 수거 정책 덕택에 우리나라의 폐

[그림 1] 색깔로 표시된 유도선

기물 재활용률은 전 세계에서 가장 높은 수준이다. 혹시 최근에 [그림 1]처럼 도로 위에 색이 칠해져 있는 선을 본 적이 있는가? 교차로나 분기점에서 방향을 쉽게 찾을 수 있도록 색깔로 유도선을 표시한 것이다. 2011년부터 5년간 고속도로 일흔일곱 곳에서 유도선을 시범 운용한 결과 분기점에서는 22퍼센트, 나들목에서는 40퍼센트의 사고 감소 효과가 있는 것으로 나타나 최근에는 일반 도로에도 확대 적용되고 있다. 공무원은 이런 일을 할 수 있는 사람이다. 아무리 돈이 많다 해도 자기 맘대로 도로에 색칠을 하고 다니면 그건 범죄이다.

경기도 남양주시 별내동에서 시작된 장수의자도 흥미롭다. 신호등 기둥에 접었다 폈다 할 수 있는 의자를 설치한 것이다. 행정안전부에 따르면 2017년 전국 교통사고 사망자 4,185명 중 보행 사망자는 약 40퍼센트(1,675명)였는데, 그중 노인 보행 사망자가 54퍼센트(906명)에 이른다. 노인 보행 사망자 중 37퍼센트(335명)가 무단 횡단을 하다 교통사고를 당했다. 장수의자를 개발하고 설치한 별내파출소장 유석종은 이런 현실이 안타까워 노인 수십 명을 대상으로 왜 무단 횡단을 하는지 물어봤더니 뜻밖의 대답이 돌아왔다. 서 있으면 다리와 허리가 아프다는 것이다. 장수의자는 좋은 호응을 얻어 최근 여러 지방자치단체에서 설치하고 있다. 무더운 여름이면 건널목에 등장하는 대형 그늘막 역시 간단하면서도 우리 삶을 더 좋게 만드는 좋은 정책의 산물이다.

[그림 2] 독일의 주차장 모습

　[그림 2]는 독일의 주차장 모습이다. 운전을 조금이라도 해본 사람은 이 주차장의 탁월함을 금방 알 수 있다. 그냥 슥 들어갔다가 슥 나오면 되는 구조이다. 나는 공학 전공이 아니라 정확하게 시뮬레이션을 해보지는 않았지만 공간 활용이라는 측면에서도 훌륭할 것 같다. 이 주차장을 처음 보았을 때 이런 방식으로 고속도로휴게소 주차장을 만들면 좋겠다는 생각을 했었는데 [그림 3]처럼 2016년 기흥휴게소를 시작으로 우리나라에도 비슷한 방식의 주차장이 도입되고 있다. 직접 주차장을 이용해보니 한 가지 장점과 단점이 있다. 우선 차가

[그림 3] 기흥휴게소 주차장 모습

다닐 수 없는 공간에 보행자 도로를 만들었다. 주차 공간의 활용이라는 가치와 보행자의 안전이라는 가치 사이에서 과감하게, 그리고 너무나도 적절하게 보행자의 안전을 선택한 것이다. 단지 직접 주차를 해보니 주행 방향에서 주차 공간으로 들어가는 각도가 완만하지 못해 핸들을 확 꺾어야 하는 문제가 있었다. 그래도 이런 식으로 세상을 좀 더 살기 좋고 안전한 곳으로 만들고자 하는 노력에 경의를 표한다.

다시 말하지만, 공무원이 하는 일의 본질은 바로 이런 것이다. 공무원이란 세상을 변화시킬 힘을, 세상을 변화시킬 의무를 가지고 있는 사람들이다. 그래서 나는 공무원이 되겠다는 학생들에게 애초의 이유야 무엇이든 공무원으로 살면서 이렇게 의미 있는 변화를 하나라도 만들어주었으면 좋겠다는 말을 한다. 나중에 자식에게 자랑스럽게 들려줄 수 있는 인생 이야기 하나는 만들었으면 좋겠다고 말한다. 우리나라의 모든 공무원이 단지 하나씩이라도 이런 변화를 만들어낸다면 우리나라는 훨씬 더 좋은 나라가 될 것이고, 그들의 삶 역시 훨씬 더 풍요로워질 것이다. 나는 공무원이라는 직업은 그레이트 헝거를 충족시키기에 상당히 유리한 위치에 있는 직업이라고 생각한다. 나는 공무원들이 이것을 깨닫고 또 실천하기를 희망한다.

정체성을 찾는다는 것…

내가 나의
삶의 목적과 의미를
찾는 것

6장

정체성, 자존감을 만들다

자존감은 패러독스이다.
자존감이 필요한 사람은 그것을 가지고 있지 않고,
자존감을 가진 사람은 그것이 필요하지 않다.

- 리처드 라이언과 커크 브라운 -

나는 드래곤이 아니라 사람이다

2019년 한국 사회에는 자존감이라는 단어가 유행처럼 번졌다. 낮은 자존감으로 상처받은 사람들의 책, 자존감을 올리는 방법을 가르쳐주 겠다는 책들이 나오더니 이제는 아이의 자존감, 엄마의 자존감, 리더의 자존감, 교사의 자존감, 세일즈맨의 자존감 등 특정 집단을 대상으로 하는 책들까지 나오고 있다. 자존감이라는 주제에 관심이 커지는 현상이 심리학자로서 반갑지만, 동시에 자존감에 대해 잘못된 정보를 전달하는 내용도 많은 것 같아 걱정이 앞선다.

자존감이라는 개념이 사람들에게 어떻게 이해되고 있는지 알아보기 위해 인터넷 검색을 해보니 한 유명 블로거의 글이 눈에 띈다. 이 블로거는 자존감을 높이는 강력하고 확실한 방법이 《초콜릿 하트 드래곤》이라는 책에 있다고 주장했다. 이 책은 어린 드래곤 어벤추린이 모험을 찾아 떠났다가 초콜릿을 먹은 후 여자아이로 바뀌어 겪게 되는 일들을 그린 소설이다. 사람들이 사는 낯선 땅에서 자신의 몸이 아닌 사람의 몸으로 힘겨운 일을 겪을 때마다 어벤추린은 이런 주문을 읊는다. "나는 드래곤이다. 드래곤은 막강한 존재다." 이 블로거는 이렇게 자신을 위대한 존재라고 믿는 것, 자신의 가치가 실제보다 더 높은 곳에 있음을 믿는 것이야말로 자존감을 높이는 강력하고 확실한 방법이라고 적었다.

그런데 어쩌나, 우리는 드래곤이 아니라 사람인 것을. 내가 알기로 자신을 드래곤이라고 믿었던 사람들이 어떻게 되었는지 알 수 있는 기록은 거의 없지만, 자신을 실제보다 더 뛰어난 존재라고 믿었던 사람들이 어떻게 되었는지에 대한 기록은 조금 남아 있다. 자신을 슈퍼맨이라고 믿었던 많은 사람들은 빨강 망토를 둘러매고 높은 곳에서 뛰어내려 죽거나 크게 다쳤다. 자신을 예수라고 믿는 사람들은 대부분 한 곳에 모여서 사는데 그곳은 바로 정신병원이다.

우리는 종종 보잘것없던 시절에도 자신을 위대한 사람이라고 믿어 성공한 사람들의 이야기를 듣는다. 그리고 이런 이야기들이 '나는 드래곤이다'라는 주문의 효과를 보여주는 사례로 사용되기도 한다. 나는 이렇게 묻고 싶다. 자신이 제2의 워런 버핏이 될 것이라고 한 치의 의심도 없이 믿어 전 재산을 주식에 투자한 사람들 중에서 재산을 탕진한 사람이 많을까, 실제로 제2의 워런 버핏이 된 사람이 많을까? 이 글을 쓴 블로거는 만약 배우자가 어느 날 "당신의 글을 읽고 비로소 내가 드래곤이라는 것을 깨달았어. 이제 그동안 감추어져 있었던 내 두 날개를 활짝 펴고 주식시장을 누비는 나를 상상할 수 있어. 그래서 말인데 우리 아파트를 팔아서 전부 주식에 투자하고 싶어"라고 말한다면 두 팔 벌려 환영할 수 있을까?

미래에 대한 희망을 갖는 것은 좋지만 미래에 대한 환상에 빠지는 것은 위험하다. 자존감은 자신이 가치 있는 사람이라는 믿음이지만 그 믿음은 자기 자신에 대한 믿음이어야지 환상에 대한 믿음이어서는 안 된다. 이는 내 개인적인 소견이 아니고 단순히 심리학 실험실에서 도출된 연구 결과도 아니다. 미국에서 실제로 일어났던 역사적 사실이 환상에 기댄 자존감의 위험성을 경고한다.

미국의 자존감 운동

1986년부터 미국 캘리포니아에서는 청소년들을 대상으로 수년간 막대한 예산을 들여 자존감 운동self-esteem movement을 시작했다. 학생들은 매일 자신이 왜 특별하고 위대한 사람인지에 대해 이야기하고 노래했다. 운동경기를 할 때 점수를 기록하는 것이 금지되었고, 우승 트로피는 경기에 참여한 모든 학생들에게 주어졌다. 자신은 뛰어나고 가치 있는 사람이라고 영어 단어 암기하듯 머릿속에 주입했던 것이다. 이 프로그램을 기획한 사람들은 높아진 자존감 덕분에 범죄율과 십대 임

신율은 낮아지고, 학교와 직장에서의 성취는 더 높아질 것으로 기대했다. 자존감이 높은 사람은 마약에 손대지 않고 심지어 환경보호에도 앞장서며 돈도 더 많이 벌기 때문에 결국 캘리포니아주의 재정에도 도움이 될 것이라 믿었다.

이렇게 인위적으로 자존감을 높이고자 하는 노력으로 실제로 자존감이 높아졌는지의 문제는 차치하고 더 중요한 질문을 던져보자. 높은 자존감은 정말로 삶의 긍정적인 결과들과 관련이 있을까? 2003년 미국의 대표적인 심리학회는 특별 전담팀을 구성하여 수십 년 동안 실행된 자존감 연구들을 바탕으로 이에 대한 답을 찾고자 하였는데, 그들이 내린 결론을 한마디로 요약하자면 '확실하지 않다'는 것이었다. 평상시에 높은 자존감을 가지고 있다고 하더라도 크게 두 집단, 즉 튼튼한 자존감을 가지고 있는 사람과 연약한 자존감을 가지고 있는 사람으로 분류될 수 있기 때문이다. 이 구분은 상당히 중요하기 때문에 자세히 살펴볼 필요가 있다.

자존감은 자기 자신이 얼마나 가치 있는 사람인지에 대한 인지적인 판단과 자기 자신에 대해 얼마나 긍정적으로 느끼는지에 대한 정서적 판단으로 이루어진다. '왜' 자신에 대해 좋게 판단하고 느끼는지는 자존감의 높고 낮음을 측정하는 데 포함되지 않는다. 자존감 운동은 바로 이 지점을 파고들었다. 자신이 훌륭한 사람이라고 세뇌를 하는 것만으로도 충분하다는 것이다. 실제로 이 운동을 진행하는 단체National Association for Self-Esteem의 홈페이지에 자존감을 높이는 방법으로 제일 먼저 제시된 내용은 명함처럼 항상 가지고 다니는 종이에 "나는 있는 그대로의 나 자신을 좋아하고 받아들인다. 나는 내 운명의 주인이다. 나는 중요한 사람이고 나는 나를 사랑하고 나 자신을 믿는다"라고 적고 하루에 여러 차례 읽으라는 것이다.

연약한 자존감과 튼튼한 자존감

자신이 훌륭한 사람이라고 세뇌하듯 반복해서 말하고 믿음으로써 높아진 자존감과 좋은 삶 속에서 자연스레 높아진 자존감은 같지 않다. 인위적으로 끌어올린 자존감은 그에 대한 구체적인 근거가 없기 때문에 인생의 파고에 휩쓸리기 쉽다. 자신은 훌륭한 사람이라고 외치고 있는데 남들로부터 비판을 받거나 제출한 프로젝트가 안 좋은 평가를 받거나 할 일이 많아 스트레스가 쌓이는 상황에 처하면, 자신에 대한 판단과 현실 사이에 격차가 생기고 그에 따라 자존감이 휘청하게 된다. 이렇게 상황에 따라 높고 낮음을 반복하는 자존감을 연약한 자존 감fragile self-esteem이라 부른다.

반면 튼튼한 자존감secure self-esteem은 살면서 실제로 이루었던 성취나 주변 사람들과의 좋은 관계라는 현실에 기반한 자존감이다. 튼튼한 자존감을 가지고 있는 사람들 역시 이런 부정적인 상황이 닥가울 리는 없지만 그렇다고 해서 자존감이 현저하게 출렁이지는 않고 비교적 일관되게 높은 수준을 유지한다. 성경의 한 구절을 빌려 말해 보자면, 튼튼한 자존감은 반석 위에 쌓아 올린 자존감이고 연약한 자존감은 모래 위에 쌓아 올린 자존감이라 할 수 있겠다. 다시 자존감 연구 결과로 돌아가서 얘기하자면, 튼튼한 자존감은 긍정적인 결과를 낳지만 연약한 자존감은 부정적인 결과로 이어진다.

안타까운 점은 최근 한국 사회에서도 모래 위라도 좋으니 자존감을 높이고 보자는 사람이 많다는 것이다. 불과 얼마 전에도 한 지인이 SNS에 예쁜 꽃 그림을 배경으로 "잊지 마세요, 당신이 최고라는 걸~"이라는 글귀가 적힌 게시물을 올린 것을 보았다. "당신이 최고"라는 말은 과연 무슨 의미일까? 당신이 지구상에 현존하는 사람 중에 모든 면에서 최고의 사람이라는 뜻일까? 아무리 훌륭한 사람도 감히 이 말에 동의하지는 않을 것이다. 당신이 글을 올린 사람에게는 최고의 사람이라는 뜻일까? 이 이미지는 많은 친구들이 볼 수 있으니 그것도 아닐 것이다. 그렇다면 도대체 이 말의 의미는 무엇일까? 연약한 자존감의 문제가 머릿속에 주입하는 자신의 가치와 실제 현실과의 격차에서 비롯된다는 점을 생각할 때 이런 식의 메시지들 역시 장기적으로 부정적인 결과를 낳을 수 있음을 지적하고 싶다.

연약한 자존감을 가진 사람들의 인생 이야기에는 어떤 내용이 있을까? 지난 몇 년간 하루에 열 번씩 '나는 훌륭하다. 나는 아름답다. 나는 사랑받는 존재이다'라는 주문을 외우니 삶이 좋아졌다는 내용일까? 이런 사람들의 이야기에는 왜 자신이 가치 있는 사람인지를 밝히는 구체적인 이야기가 없다.

하지만 튼튼한 자존감을 가진 사람들에게는 이야기가 있다. 어떤 어려움이 있었지만 결국 많은 노력 끝에 극복했다는 이야기. 어떤 도전이 실패로 끝났지만 그래도 좋은 교훈을 얻었다는 이야기. 이러이러한 아픔이 있었지만 저러저러한 기쁨도 있었다는 이야기. 그런 이야기들이 모여 자신 안에서 의미로 맺힐 때 자신의 삶이 충분히 아름다울 수 있다는 확신이 생겨난다. 자신을 존중할 수 있는 힘이 생겨난다. 자신의 이야기가 그 누구도 앗아갈 수 없는 자신만의 견고한 이야기이듯, 자신의 이야기에 기반한 자존감은 어려운 상황에서도 튼튼하게 유지될 것이다.

그렇다면 튼튼한 자존감을 갖기 위해서는 무엇을 해야 하는 것일까?

자신을 사랑하라?

자존감을 높이는 방법으로 가장 많이 거론되는 방법은 자기 자신을 사랑하라는 것이다. 대표적인 예로, 몇 년 전 베스트셀러였던 《자존감 수업》을 들 수 있다. 정신과 의사인 윤홍균은 이 책에서 자존감을 끌어올리는 실천 방안 다섯 가지를 제시하는데, 첫째가 자신을 맹목적으로 사랑하기로 결심하는 것이고 둘째가 자신을 사랑하는 것이다. 윤홍균에 의하면, 자존감이 낮은 사람은 자신을 사랑해도 괜찮다는 생각 자체를 안 하기 때문에 먼저 맹목적으로 사랑하기로 결심해야 한다. 다섯 가지 방안 중 두 가지를 자신을 사랑하는 데 할애할 만큼 자신을 사랑하는 것이 중요하다고 윤홍균은 말한다.

자신을 사랑하라는 조언은 매력적으로 들리지만 실제로 큰 도움이 된다고 보기는 어렵다. 크게 두 가지 문제가 있다.

첫째, 자신을 사랑하라는 말은 나르시시즘으로 이어질 수 있다. 한국에서 나르시시즘은 종종 자기애로 번역되는데, 이는 오역이다. 자기애라는 단어에 직접 대응하는 영어 표현은 self-love인데, 이는 자존감과 나르시시즘 모두를 포함한다. 자존감과 나르시시즘 모두 자기를 사랑하는 것이지만 둘 사이에는 중요한 차이가 있다. 자존감은 자신을 사랑하는 만큼 남들도 귀하게 여기는 것이지만, 나르시시즘은 자신만을 사랑하는 것을 의미하고 그래서 때로 나르시시스트들은 자신의 이익을 위해 아무렇지도 않게 다른 사람을 착취하기도 한다.

자신을 사랑하는 것은 아무런 문제가 없지만 자신'만'을 사랑하는 것은 문제가 될 수 있다. 그런데 자신을 사랑하라는 표현에서는 이 둘이 구분되지 않는다. 그래서 자신을 사랑하라는 표현은 자칫 나르시시즘으로 이어질 수 있다. 실제로 미국에서 있었던 자존감 운동의 결과, 의도치 않게 미국 젊은이들의 나르시시즘이 높아졌다는 점에 많은 심리학자들이 동의한다. 나르시시즘이라는 단어는 이미 국립국어원 표준국어대사전에 등재되어 있는 만큼 자기애로 번(오)역하기 보다는 원어 그대로 나르시시즘으로 사용해 자존감과 구분하는 것이 좋다.

나르시시스트는 자신의 친구나 연인보다도 자신이 더 잘났다고 믿는다. 시험을 보고 나면 실제보다 더 잘 봤다고 생각하고 자신의 외모도 뛰어나다고 생각한다. 자신이 하는 이야기가 다른 사람의 이야기보다 더 중요하고 흥미롭다고 생각해 다른 사람의 말을 자르고 자기가 하고 싶은 말을 한다. 남들로부터 존경받기를 기대하고, 자신의 권위가 도전받는 경우에는 폭력적으로 변한다. 남에 대한 배려보다는 착취에 능하고, 외도도 쉽게 한다. 나르시시스트의 이 모든 특징은 자신을 사랑하라는 말에 모순되지 않는다.

둘째, 자신을 사랑하기 위해 무엇을 하라는 것인지 정확하게 이해되지 않는다. 분명 나르시시스트적인 자기 사랑을 말하는 것은 아닐 테지만, 구체적으로 어떤 지침인지 알기 어렵다. 자신을 사랑하니 가혹한 잣대를 들이대지 말고 하고 싶은 것들을 마음 편히 하라는 것인가? 그래서 힘들게 보낸 하루 일과 후에 야식으로 치맥이 먹고 싶으면 언제든 거침없이 먹어도 된다는 뜻인가? 출근하는 길에 눈부시게 날이 좋으면 맡은 일이 있든 없든 그냥 휴가 쓰고 나들이를 가도 된다는 뜻인가? 혹은 이런 행동은 결국 비만이나 저조한 업무 성과로 이어지기 쉬우니 미래의 나를 사랑하기 위해 현재의 유혹에서 벗어나라는 뜻인가?

《자존감 수업》에서 윤홍균은 이에 대해 하나의 방법을 제시한다.

이 세상에서 자신을 너무나도 사랑하는 사람이 지금 자신에게 어떤 말을 해줄지 생각해서 그 말을 해주라는 것이다. 보다 구체적인 방법이기는 하지만, 이 방법의 문제는 그 말의 내용이 많이 다를 수 있다는 것이다. 한 예로, 윤홍균은 발표가 무서운 사람들에게 다음과 같은 위안을 주면 좋다고 말한다. 누구나 발표하기 전에는 떤다. 청중의 절반은 졸고 있다. 그냥 준비한 내용을 줄줄 읽기만 해도 충분하다. 목소리가 떨려도 아무도 신경 쓰지 않는다.

이런 위안의 말이 정말 도움이 될까? 발표장에 들어가기 전까지는 도움이 될 수 있다고 생각한다. 하지만 막상 발표를 시작할 때는 역효과가 날 수도 있다. 지금껏 경험한 바에 의하면 발표를 시작할 때 청중의 절반이 졸고 있는 경우는 거의 없다. 발표가 끝날 때 절반이 조는 경우는 많다. 하지만 발표가 시작되는 시점에서는 거의 모든 사람이 반짝이는 눈으로 발표자를 바라본다. 그래서 절반이 졸 것이라 기대했던 발표자의 마음은 오히려 더 떨리기 쉽다.

나는 내가 정말로 사랑하는 사람이 발표 준비 때문에 두려워하고 있을 때면 내가 경험으로 체득한 방법을 말해준다. 사람들이 발표할 때 떨리는 이유 중 하나는 풍경이 달라지기 때문이다. 발표장에 서면 청중으로서 익숙한 교단의 풍경이 아니라 별로 익숙하지 않은 의자와 거기에 앉은 사람들이 보인다. 그러니 가능하다면 발표장에 일찍 가서 발표 위치에서 보이는 풍경에 익숙해질 필요가 있다. 또 발표

자료가 제대로 스크린에 나오는지 확인해야 한다. 자신의 노트북을 가져갔는데 연결이 안 되고 그래서 설치되어 있는 컴퓨터에서 파일을 실행했더니 폰트가 깨지거나 하면 걷잡을 수 없이 불안이 몰려온다. 20분만 일찍 가도 이 두 문제를 해결할 수 있다.

발표가 시작되면 자신의 말에 잘 호응해주는 사람을 찾아야 한다. 그 사람이 고개를 끄덕이는 것을 보면 자신이 제대로 발표를 하고 있다는 안도감이 든다. 혹시 상황이 허락한다면 친구나 동료에게 자신이 무슨 말을 하든 고개를 끄덕여달라고 미리 부탁을 하는 것도 좋다. 그리고 어차피 절반은 졸 것이라며 준비한 내용을 그냥 읽는 것이 아니라, 자신이 졸다 일어나도 술술 읊을 수 있게 외워 가야 한다. 이렇듯 자신을 무조건 사랑하는 사람의 말을 상상한다고 할지라도 그 내용은 많이 다르다.

물론 나도 알고 있다. 윤홍균을 포함한 많은 사람들이 자신을 사랑하라고 말할 때 그 속에 있는 진정한 의미는 자기 자신을 깎아내리거나 비난하지 말고 격려해주라는 것이다. 못나 보이는 자신의 모습을 자꾸만 밀어내지 말고 따뜻하게 품어주라는 것이다. 이렇게 자기 자신을 긍정적인 시선으로 받아들이는 과정을 심리학에서는 자기수용self-acceptance이라 한다. 자신을 사랑하라는 말에 잠재해 있는 문제점을 고려할 때, 나는 자기수용이라는 정확한 표현을 사용하는 것이 더 유용하다고 생각한다.

억지로 자존감을 높이기 전에

앞서 튼튼한 자존감으로 가는 한 가지 길이 살면서 실제로 이루었던 성취를 통하는 길이라 말했지만, 많은 성취를 했다고 해서 곧바로 높은 자존감을 얻는 것은 아니다. 내가 고려대학교에서 만났던 한 학생의 예를 들어보자. 이 학생은 공부를 잘하고 졸업 후 의학전문대학원을 가겠다는 계획도 세워두었다. 그래서 나는 학과 행사로 학부생들과 함께했던 술자리에서 이 학생이 낮은 자존감으로 힘들어하고 있다는 얘기를 했을 때 깜짝 놀랐다. 이 학생은 어렸을 때부터 알고 지내던 남자 친구도 자신의 친언니도 모두 서울대학교에 갔는데 본인만 고려대학교에 오게 되어 가족과 남자 친구로부터 무시를 당하고 있었다. 그래서 자신은 심리학을 좋아하고 의학은 적성에 맞지 않는 걸 알면서도 그들 보기에 더 큰 성취를 이루기 위해 의학전문대학원에 도전한다는 것이다. 이 학생은 고려대학교에 다니는 자신을 받아들이지 못했다. 즉 자기수용을 어려워했다.

자기수용이란 말 그대로 자기 자신을 받아들이는 것을 의미한다. 이때 자신이 수용해야 할 '자기'는 크게 두 가지로 구분할 수 있다. 첫째, 자신의 과거이다. 때때로 길을 잃어 헤맸고, 가까운 길을 돌아가기도 했고, 왔던 길로 다시 돌아가야 했더라도 모두 '자신의 길'로 받아들이고 그 여정에서 의미를 찾는 것이다. 둘째, 자신의 강점과 약점이다. 여기에는 자신에게 도움 혹은 해가 되는 사람이나 환경도 포함된다. 어떤 학자는 자기수용을 자신을 '있는 그대로' 받아들이는 것으로 정의하고 어떤 학자는 자신을 '긍정적인 시선으로' 받아들이는 것이라 정의하지만, 내가 생각하기에 이 차이는 단순히 자기수용 과정 중 어디에 주목했는지의 차이인 것 같다. 자기수용의 과정은 자신을 있는 그대로 바라보는 데서 시작하지만 결국 그 안에서 모종의 긍정성을 끌어내는 것으로 끝나기 때문이다.

자기 자신을 긍정적으로 받아들인다는 것은 비록 살아왔던 모든 순간이 즐겁고 행복하지는 않았지만 돌이켜 보니 의미 있는 순간이었음을, 자신이 가지고 있는 좋고 나쁜 특징들로 인해 남들보다 더 우월하게 살지는 못하더라도 자신이 원하는 삶을 살기에는 충분하다는 것을, 그리하여 자신 역시 남들만큼은 가치 있는 사람임을 깨닫는 것이다. 자존감이 자신의 가치에 대한 판단의 결과라면, 자기수용이란 자신의 가치를 발견하는 과정이다.

그렇기 때문에 자기수용은 자존감에 논리적으로 선행한다. 보다 정확하게 말하자면, 튼튼한 자존감을 갖기 위해서는 성공적인 자기수용의 과정을 반드시 거쳐야 한다. 연약한 자존감을 가지고 있는 사람들은 자신이 가치 있는 사람이라고 믿을 만한 근거를 자신의 내부에 가지고 있지 않다. 그래서 부정적인 상황에서 그들의 자존감이 흔들리는 것이다. 하지만, 자존감이 튼튼한 사람들은 자기수용의 과정을 통해 내부에서 자신의 가치를 발견하였기 때문에 외적 상황의 좋고 나쁨에 일희일비하지 않는다. 결국 튼튼한 자존감과 연약한 자존감이 구분되는 결정적인 차이는 자신의 가치를 내부에서 찾을 수 있느냐 없느냐에서 비롯된다.

그런데 잘 생각해보면 문제는 자기수용이 튼튼한 자존감을 갖기 위해 필요하다는 사실을 깨닫는 것이 아니다. 진짜 문제는 지워버리고만 싶은 과거를, 오늘도 어김없이 자신의 발목을 붙잡고 늘어지는 약점을 어떻게 긍정적으로 받아들일 수 있느냐는 것이다. 이 지점에서 정체성이 필요하다.

나를 '나'로 받아들이기 위해

자기수용이 튼튼한 자존감에 필수적인 요소라는 것을 이해한다고 해도 저절로 자기수용이 일어나지는 않는다. 만약 살면서 단 한 번도 불행한 일을 겪지 않았고 자신의 모든 측면을 완벽히 긍정적으로 평가하는 사람이 있다면, 그 사람에게 자기수용은 쉬운 일일 수 있다. 하지만 99.9퍼센트 확신하건대, 세상의 모든 사람들에게는 자랑스럽지 않은 어두운 과거와 만족스럽지 않은 자신의 모습이 있다. 어떻게 하면 그런 자신을 따뜻한 마음으로 끌어안을 수 있을까?

먼저 자신의 과거에 대해 생각해보자. 과거는 바꿀 수가 없다. 그 래서 우리가 할 수 있는 유일한 행동은 과거에 대한 해석을 바꾸는 것이다. 즉 과거의 불행한 사건으로부터 자신에 대해 깨달은 것은 무엇인지, 세상에 대해 알게 된 것은 무엇인지, 그로부터 바뀌게 된 삶의 원칙들은 무엇인지를 생각하는 것이다. 여기서 중요한 단어가 '성장'이다. 과거로부터 무엇을 배워 자신이 한 인간으로서 더 성장할 수 있었는지를 성찰하고 이러한 관점에서 과거를 해석하는 것이 관건이다.

심리학을 공부하다 보면 어렸을 때 집단따돌림으로 힘들어했던 사람들을 종종 만나게 된다. 한창 민감한 시기인 청소년기에 집단따돌림을 당하면 자신은 이렇게 무시당해도 되는 존재인지 의심하게 되고 곤경에 처해도 아무도 자신을 도와주지 않는다는 사회적 고립감이 생겨 자존감이 낮아지게 된다. 성인이 되어서도 이때 받은 상처가 제대로 치료되지 않아 상처가 아물지 않은 채로 살아가는 사람이 많다. 반면, 어떤 사람들은 자신 외에도 집단따돌림으로 상처받는 사람들이 많다는 사실을 깨닫고 이제는 자신이 그들을 도와주겠다는 마음으로 상담가의 길을 걷는다. 후자에 해당하는 사람들은 자신의 과거가 세상을 바라보는 방식에 영향을 주었고 앞으로 나아갈 삶의 방향성을 제시했다고 생각한다. 나아가 이제 자신이 비슷한 아픔을 겪은 이들을 보듬어줄 수 있는 사람으로 성장했다고 생각한다.

다음으로 긍정적이든 부정적이든 자신이 갖고 있는 모든 측면을 자신의 일부로 수용하는 문제에 대해 생각해보자. 자신의 모든 특징을 평면적으로 늘어놓고서 모두 다 자신의 일부로 받아들이는 것이 가능할까? 물론, '내가 그런 측면이 있기는 하지'라는 느낌으로 받아들일 수는 있을 것이다. 그러나 '이게 바로 진정한 나다!'라는 느낌으로 그 모든 특징을 받아들이기는 불가능할 것이다. 취사선택이 필요하다. 어떤 특징이 자신에게 더 중요하고, 어떤 특징이 자신을 더 자신답게 하는지 판단할 필요가 있다는 것이다.

나는 미술에 약하다. 아무리 좋게 봐줘도 내 그림 솜씨는 유치원생 수준을 넘지 못할 것 같다. 중학교 때 무척 친하게 지냈던 미술 교생 선생님이 내 과제물을 보고 당황해하던 표정을 아직도 잊을 수가 없다. 하지만 상관없다. 내게 미술은 그리 중요하지 않기 때문이다. 나는 인간관계가 그리 넓지도 않다. 실은 누군가와 의절했던 경험도 두세 번 있다. 그래도 상관없다. 나는 넓은 관계보다는 깊은 관계가 더 중요하다고 생각하기 때문이다. 내가 인간관계에서 중요하게 여기는 원칙은 내가 좋아하는 사람이 나를 좋아하느냐이다. 내가 좋아하지 않는 사람이라면 나를 좋아하지 않아도 괜찮다. 내가 그 사람을 좋아하지 않는데 그 사람이 나를 좋아하지 않는 것은 너무나도 당연하기 때문이다. 내가 좋아하는 사람이 나를 좋아하기만 한다면 나는 불필요하게 넓은 인간관계를 유지하기 위해 시간과 노력을 쏟느니 내가 좋아하고 의미 있는 일을 하는 데 시간과 노력을 쏟고 싶다.

자기수용의 과정은 자신의 장점과 단점, 강점과 약점, 중요한 특징과 사소한 특징을 모두 같은 무게로 간주해 무작위로 펼쳐놓고 따져보는 과정이 아니다. 진정한 자신이라는 성을 건설하며 무엇을 주춧돌로 삼고, 무엇을 장식으로 삼고, 무엇을 정원의 모래알로 삼을 것인지를 결정하는 과정이다. 따라서 자기수용에 앞서 선행되어야 하는 것이 '진정한 자신'이 누구인지를 파악하는 것, 즉 정체성을 형성하는 것이다. 생각해보면 이런 내용은 이미 자기수용이라는 말 자체에 담겨 있다. 무엇을 수용하기 위해서는 먼저 받아들일 대상을 정해야 하기 때문이다. 자기가 누구인지에 대한 믿음이 있을 때에야 비로소 그러한 자기를 수용할 수 있다.

　마지막으로 《초콜릿 하트 드래곤》에 대해 한마디 덧붙이고자 한다. 이 소설에서 자존감의 열쇠를 찾아낼 수 있다는 것에 동의할 수 없다고 말했지만, 서평을 썼던 블로거의 말처럼 《초콜릿 하트 드래곤》은 정말로 괜찮은 판타지 성장소설이다. 마흔이 넘은 내가 읽기에도 흥미진진하다. 단지 이 소설에서 그리는 어벤추린의 여정은 자존감을 높이기 위한 여정이 아니라 자신의 정체성을 찾는 여정임을 지적하고자 한다. 사람의 몸에 갇히게 된 드래곤이 초콜릿 장인이라는 정체성을 찾는 이야기이기 때문이다. 어벤추린이 드래곤인지 사람인지는 중요하지 않다. 초콜릿 장인이라는 사실이 중요할 뿐이다.

　정체성을 찾아가는 어벤추린의 여정이 이야기를 통해 드러나듯 자신의 정체성은 자신의 인생 이야기를 통해 가장 잘 표현될 수 있다. 인생 이야기에는 어떤 과거를 거쳐 지금의 자신이 되었는지, 자신에게 진정 가치 있는 것은 무엇이고 그 가치를 추구하기 위해 앞으로 어떻게 살아갈지에 대한 내용이 담겨 있기 때문이다. 자신의 과거와 현재 모습을 수용하는 것은 자연스럽게 인생 이야기의 일부가 된다. 내가 가진 인생 이야기의 일부가 좋은 사례가 될 수 있을 것 같아 그 이야기를 해보고자 한다.

인생은 길고 갈 길은 아직 많이 남아 있다

2장에서 철학을 전공했던 내가 왜 정치학으로 바꿔 대학원에 진학할까 생각했다가 결국 심리학으로 결정했는지에 대해 간략히 적었다. 하지만 그 과정에서 못 다한 이야기가 있다. 나는 2005년 초에 장교 생활, 대학교 교직원 생활, 국회의원 보좌진 생활을 하며 모았던 돈을 바탕으로 정치학과 대학원에 진학하기로 했었다. 그런데 믿었던 사람에게 배신을 당해 그동안 모았던 수천만 원을 잃었다. 실은 내가 모았던 것보다 더 많은 돈을 잃어 가족들이 도와준 후에야 법적인 신용

불량자를 면할 수 있었다. 당장 돈이 하나도 없어 서울시립대학교에서 교직원으로 다시 일을 했다. 그럼에도 미국으로 유학을 가야겠다는 생각에는 변함이 없었다. 어쩌면 기존에 가지고 있던 학문에 대한 열정에 더해, 사기를 당해 모든 것을 잃는 것으로 마무리된 이십대의 끝자락으로부터 도망가고 싶은 마음이 유학에 대한 바람을 더 강하게 부추겼을 수도 있다.

한 가지 달라진 것은 정치학 대신에 심리학을 공부하기로 했다는 것이다. 정치학을 공부하기로 했을 때 나에게는 폼 나게 유학을 가고 싶은 마음이 있었다. 좋은 학교 나오고 좋은 직장 다녔는데 멋지게 자리를 옮겨가고 싶어 딱히 관심이 크지 않았던 정치학을 택했었다. 그런데 막상 모든 것을 잃고 인생의 밑바닥에 다시 서게 되니 오히려 아예 원점에서 시작해도 괜찮겠다는 생각이 들었다. 역설적으로 지인의 배신이 나에게 이미 걷고 있던 길에서 벗어나 새로운 길을 걸을 수 있는 기회를 준 것이었다. 그래서 서울시립대학교에서 9개월 동안 모았던 천만 원과 부모님이 마련해주신 천만 원을 가지고 외국인에게도 학비가 저렴한 미국의 커뮤니티 칼리지(우리나라 전문대학과 유사한 대학교)로 학부과정 심리학 수업을 들으러 2005년 12월 28일에 떠났다. 미국으로 떠나기 전에 나는 롤러코스터 타듯 역동적인 한 해를 돌아보며 〈격동의 2005년〉이라는 글을 썼다. 그 글의 마지막 문단은 이렇다.

이 사건을 긍정적으로 바라보는 가장 좋은 방법은 이 일 덕분에 정치학을 하지 않고 심리학을 하게 되었음을 떠올리는 것이다. 아마 난 정치학 교수로는 그리 행복한 학문 생활을 하지 못했을 것 같다. 심리학은 중학교 때부터 내가 막연하게나마, 그리고 유일하게 흥미를 느끼던 분야가 아니던가. 2년의 시간이 지나고 계획대로 괜찮은 대학원에 진학하게 되면, 모든 것이 정상 궤도에 오르게 될 것이다. 그리고 언젠가 내가 심리학을 통해 학문적 성취를 이루게 되면, 이 사건이 중요한 계기가 됐음을 상기할 수 있을 것이다. 웃으며 그런 날을 맞이하기 위해 앞으로의 2년, 미친 듯 열심히 살아가야 할 것이다. 니체는 자신을 죽이지 않는 모든 것은 자신을 강하게 한다고 했고, 베토벤은 운명이라는 것이 있다면 그 운명의 목을 조르겠다고 했다. 인생은 길고 갈 길은 아직 많이 남아 있다.

대학원에 입학해 학비를 면제받고 생활비도 받은 후부터는 삶이 많이 좋아졌지만, 커뮤니티 칼리지에 다니던 시기에는 경제적으로 많이 궁핍했다. 그중 1년 동안 나는 멕시코 사람 집에서 방 하나를 빌려 살았다. 그 집에는 부부가 있었고, 90분 거리의 학교에 다녀 주말에 돌아오는 딸이 있었고, 고등학생 아들이 있었고, 불법 이민자로 보이는 두 미성년자 형제가 있었다. 나를 포함한 이 일곱 명이 부엌 하나와 욕실 하나를 공유했다. 부엌을 사용하지 못할 때의 배고픔은 그래도 참을 만했지만, 자연의 부름이 있을 때는 정말이지 곤혹스러웠다.

어느 날 미국에 살던 대학교 친구가 집으로 찾아와서 말했다. "선웅아, 미국에 사는 유학생 중에서 멕시코인들에게 방을 빌려주는 사람은 있어도 방을 빌려서 사는 사람은 너밖에 없을 것 같다." 듣고 보니 그럴 것도 같았다. 하지만 상관없었다. 내게 중요한 것이 자신의 가치를 중시하는 자존감이었다면 나는 그 생활을 버티지 못했을 것이다. 그러나 나는 내 정체성을 찾아 내가 가야 할 길을 걷는 중이었고 삶의 어려움은 아무래도 상관없었다. 그런 과거를 가지고 살아가는 나 자신을 수용하는 과정에서 나는 '다른 사람에게 속아 전 재산을 날린 인생의 실패자'라는 측면이 아니라 '학자의 삶을 찾아 길을 떠난 여행자'라는 측면을 박선웅이라는 성의 주춧돌로 삼았다. 그래서 나의 인생 이야기는 어떻게 내가 인생을 망쳤는지가 아니라 어떻게 내 인생을 찾게 되었는지에 대한 이야기이다.

암흑기라 쓰고 클라이맥스라 읽는다

마지막으로 자신의 삶을 이야기로 풀어내는 일에 깃든 힘에 대해 언급하고 싶다. 살다 보면 크든 작든 시련이 찾아오기 마련이다. 때때로 감당하기 힘든 시련에 처하면 사람들은 출구가 없는 암흑 속에 갇힌 느낌을 받아 마음의 병을 얻기도 하고 심한 경우 스스로 생을 마감하기도 한다. 한 치 앞도 보이지 않는 칠흑 같은 암흑 속에서 희망의 빛을 찾기는 어렵지만 불가능한 일은 아니다. 5장에서 언급했던 《죽음의 수용소에서》의 지은이 프랭클은 몸소 그 가능성을 보여주었다. 프랭클은 절망에 빠져 있는 사람에게 가장 필요한 것은 미래에 대한 희망을 보는 것이라고 했다. 희망을 본다는 것은 앞으로 이루어야 할 일들의 의미, 살아내야 할 것들의 의미를 깨닫는 것이다. 니체가 말했듯, 왜 살아야 하는지를 아는 사람은 어떤 어려운 상황도 이겨낼 수 있기 때문이다. 살아야 할 이유를 알게 되면, 즉 삶의 의미를 깨닫게 되면 아무리 힘든 상황이라도 이겨낼 힘이 생긴다.

나는 프랭클의 주장에 전적으로 동의한다. 그런데 프랭클이 말해주지 않은 것이 있다. 어떻게 하면 암흑의 시기에 희망을 볼 수 있느냐이다. 나는 그 방법 중 하나가 자신의 삶을 하나의 이야기로 보는 것이라 믿는다. 모든 좋은 이야기는 갈등과 좌절로 점철된 과정을 거쳐 도달하는 클라이맥스가 있다. 클라이맥스가 없는 이야기는 이야기가 아니다. 그러니 자신이 인생의 암흑기를 지나고 있다는 생각이 들면 이 시기는 자신의 삶이 더 좋은 이야기가 되기 위해서 거치는 시기라 여기고, 무엇을 어떻게 하면 이 힘든 시기가 좋은 결말로 맺어질 수 있을지 생각해보자. 마치 내가 암흑과도 같았던 시기를 견뎌내기 위해 이 시간이 내 인생의 끝이 아니라 더 나은 결말을 맞이하기 위한 결정적 계기가 될 수도 있다고 내게 말한 것처럼 말이다. 나 역시 그렇게 내 인생의 암흑기, 아니 클라이맥스를 넘기고 지금은 심리학자로서 나의 인생 이야기를 이어가고 있다.

정체성을 찾는다는 것…

내가 나의
이야기로 튼튼한 자존감을
만들어내는 것

7장

이야기를 어떻게
해석할 것인가

사람들의 말과 행동은 자신의 현실에 대한 투사물이다.

- 돈 미겔 루이즈 -

인생이라는 책의 차례

만약 당신의 인생을 한 권의 책이라 생각하고 그 안에 들어갈 차례를 정한다면 어떤 내용을 넣을 것인가? 가족이나 친구들과 함께 했던 행복한 시간, 가슴 설렜던 첫사랑, 원하는 학교에 합격했을 때의 가슴 벅참, 혹은 주변 사람들로부터 따돌림을 받던 시간, 사랑하는 사람과의 이별, 오랫동안 취직이 되지 않았을 때의 좌절감 등의 내용이 들어갈 수 있을 것 같다. 실제로 서사정체성을 연구하는 심리학자들은 참여자들에게 스스로 차례를 정하고 각각에 대해 자세히 이야기해달라는 요구를 하기도 한다. 때로는 연구자가 특정 차례를 정해준 후 해당 내용을 물어보기도 하는데, 이 경우 인생의 최고점, 최저점, 전환점 등이 중요한 항목으로 주어진다. 내가 진행하는 연구에서는 특별한 차례 없이 참여자들에게 지금 자신의 모습에 이르게 된 결정적인 경험에 대한 이야기를 하나 적어달라고 요청한다.

그런데 이렇게 해서 얻은 인생 이야기들을 심리학자들은 어떻게 연구하는 것일까? 더 중요하게는, 이렇게 얻은 인생 이야기들이 정말로 글쓴이의 마음에 대해서 알려주는 것이 있을까? 서사정체성 연구는 크게 이야기의 구조를 분석하는 연구와 주제를 분석하는 연구로 구분될 수 있다. 세부적으로 여러 방법이 있지만, 가장 대표적이라 할수 있는 연구 방법을 참여자들이 실제 제출한 글을 통해 하나씩 살펴보자.

구조로 보는 인생 이야기: 오염과 구원

이야기의 구조를 분석하는 대표적인 방법은 이야기가 어떤 순서sequence로 진행되는지를 살펴보는 것이다. 삶이란 항상 굴곡이 있어, 삶이 얼마나 좋고 나쁜지에는 파동이 있다. 누구도 항상 일정한 수준으로 좋거나 나쁜 삶을 살지는 않는다. 평균적으로 비슷한 상태에 있어도 그 안에는 긍정적인 사건과 부정적인 사건이 섞여 있다. 또 전반적으로 삶이 더 긍정적인 방향 혹은 부정적인 방향으로 바뀐다고 하더라도 그 안에는 분명 굴곡이 있기 마련이다.

흥미로운 점은 자신의 경험에 대한 이야기를 적으라고 했을 때 좋게 시작된 사건이 안 좋게 끝나게 된 경험을 적는 사람도 있고, 반대로 안 좋게 시작된 사건이 좋게 끝나게 된 경험을 적는 사람도 있다는 것이다. 이런 현상은 인생의 어떤 시점에 대한 내용을 적으라고 요청하든 상관없이 나타난다. 인생의 최고점에 해당하는 이야기를 적으라고 한 경우에도 왜 이 경험이 결국 부정적인 결말을 맞이했는지를 적기도 한다. 이렇게 좋게 시작된 사건이 안 좋게 끝나는 경우를 오염contamination 구조, 안 좋게 시작된 사건이 좋게 끝나는 경우를 구원 redemption 구조라고 부른다. 지금 자신의 모습에 이르게 된 결정적인 경험을 적어달라고 했던 내 연구에서도 이런 경향성은 나타난다. 오염 구조로 이루어진 최석준의 글을 다소 길지만 원문 그대로 제시한다.

어렸을 때부터 많은 것들이 평균보다 빨랐다. 말도 빨랐고, 생각도 빨랐고, 운동신경도 또래보다 먼저 완성되었으며, 같은 것을 배워도 친구들보다 빨랐다. 초등학교 1학년 때 반 친구들의 부모님들은 자식을 다양한 학원에 보내겠다고 생각했었다. 나의 부모님도 그중 하나였다. 그런 생각들이 모여 1학년 5반 친구들 대여섯 명과 피아노 학원, 태권도 학원, 그리고 컴퓨터 학원을 등록했었다. 한 1년쯤 되었을까 피아노 학원 선생님은 어머니에게 내게 피아노를 전문적으로 가르쳐볼 생각이 없냐고 물으셨다. 그렇게 친구들과 다니던 피아노 학원에서 혼자 나와 서울대 출신 피아노 선생님께 내 인생 첫 과외라는 것을 시작했다. 자연스럽게 그 친구들과는 멀어졌고 3년 뒤 전국 콩쿠르에서 2회 우승하게 된다.

유달리 성장이 빨랐던 나는 태권도 학원에서도 한 학년 형들과 겨루기를 했다. 함께 등록했던 친구들과 하고 싶었던 겨루기는 매번 관장님의 만류로 할 수 없었다. 친구들끼리 겨루기를 한답시고 장난치는 모습이 내게는 너무 즐거워 보였다. 반면 나는 나와 덩치가 비슷한 형들에게 당하지 않기 위해 기를 쓰고 승부했다. 즐겁지 않았지만 친구들에게 멋있어 보이고는 싶었다.

컴퓨터 학원에서는 초등학교 1학년을 대상으로 워드프로세서 3급 자격증을 공부시켰다. 함께 등록한 친구들과 나도 3급을 공부했다. 타자를 치고 워드 문서를 작성한다는 것이 즐거웠다. 시험이 한 달쯤 남았을 때 원서를 접수해야 했다. 컴퓨터 학원 선생님은 나만 따로 불러내 어머니와 같이 오라고 했다. 다음 날 원장실에 어머니와 같이 앉아 있었고 선생님은 어머니께 워드프로세서 3급 자격증이 아닌 1급 자격증을 공부시키는 것이 어떻겠냐고 물어봤다. 충분히 가능해 보인다고 하셨다. 결국 그날부로 가방을 들고 어른으로 보이는 형 누나들과 말 한마디 없이 1급 수업을 들었다. 3급 수업과는 분위기가 많이 달랐다. 그렇게 9살 때 워드프로세서 1급 자격증을 땄다. 친구는 3급에 떨어졌다고 했다. 나는 4학년 때 유학을 갔고 여섯 달 만에 교내 웅변대회에서 우승했다. 중학생이 되어서 돌아왔다. 남들이 부러워하는 고등학교를 갔고 공부량에 비해 좋은 대학교에 입학하였다.

뭐든지 잘했던 그 아이는 실패에 익숙하지 않은 성인이 되었다. 늘 칭찬과 부러움 속에 자란 탓에 자신감이 넘쳐 보이는 청년이 되었으나 고시에 실패했을 때 그 누구에게도 이야기할 수 없었다. 친구들과 어른들에게 한 번은 누구나 떨어지는 거라고 호탕하게 웃었지만 굉장한 불안감과 회피 욕구가 가득했다. 두 번째 떨어졌을 때는 주위 사람들과 연락을 끊었다. 소심해 보일까봐 단톡방에서 나가는 것조차 눈치를 보는 사람이 되어 있었다. 나는 여전히 자신감 넘치는 사람인가? 아니면 그 어떤 순간조차도 나는 그랬던 적이 없던 것일까? 아직도 알 수 없다. 그렇게 살고 있다.

최석준은 삶의 많은 측면에서 승승장구하던 사람이었다. 음악도 잘하고, 운동도 잘하고, 공부도 잘했다. 하지만 고시에 두 번 실패하면서 인생 이야기는 급반전하여 부정적인 결말로 끝이 난다. 얼마간의 시간이 흐른 뒤 지금 최석준이 지나고 있는 인생의 저점이 전환점이 될 수도 있겠지만, 이 글을 쓸 당시의 최석준의 이야기는 전형적인 오염 구조를 보여주고 있다. 반면 또 다른 참여자였던 신해성의 이야기는 죽음을 생각할 만큼 고통스러웠던 시절에 대한 회고로 시작하지만, 힘들었던 삶이 구원받는 해피엔딩으로 끝난다.

저는 태어나면서부터 극심한 아토피 환자였습니다. 사춘기에는 대학병원에 다니며 치료를 받아야 했고, 극심한 부작용과 각종 합병증으로 중학교 때 일찌감치 나이 마흔 이후에는 삶을 마감해야겠다고 결심할 정도였습니다. 아토피 환자로 살면 생각보다 아주 사소한 많은 '평범하고 흔한' 일들을 하기가 어렵습니다. 예를 들어 여름에 더우니까 반팔 셔츠를 입는 것도 불가능합니다. 피부가 찢어지거나 두드러기와 각질이 올라오거나 모습이 몹시 흉측해질 수 있으니까요. 게다가 이 질병으로 저는 십대 시절 끔찍한 왕따를 경험하기도 했습니다. 이 병은 한참 성장하는 십대 소녀를 무참하게 짓밟고 이십대에는 가장 흉측한 외모를 가지게 해주었을 뿐 아니라, 정신마저도 갉아먹히는 고통을 느끼게 했습니다.

그런데 아이러니하게도 이 병 때문에 저는 꽤 많은 소중한 것을 얻게 되었습니다. 늘 내가 누구인지, 내가 얼마나 사랑받는 사람인지를 깨닫게 해준 가족과 겉모습이 아닌 내면을 보아주고 지금까지 평생을 이어져온 친구들이 있습니다. 집에서 혼자서 꾸준히 즐기던 음악으로 취미 생활을 오래 깊게 하다 보니 입시 레슨을 받아본 적도 없는데 음악대학원에 합격하기도 했고요.

그 외 여러 가지가 있지만 가장 인상적인 것은, 그 긴 고통의 시간 덕분에 저라는 사람을 아주 적나라하게 마주하는 기나긴 사투의 시간을 경험할 수 있었다는 것입니다. 내가 누구인지, 내가 무슨 생각을 하는지, 내가 무엇을 바라는지를 미사여구 없이 솔직하게 일기를 써내려가면서 벌거벗은 듯한 느낌이 들곤 했습니다. 특이한 점은, 그 과정에서 마음이 편해진 이유가 제가 특별한 삶의 목표를 찾았기 때문이 아니라 제가 누구인지를 좀 더 분명히 확인했기 때문이라는 것입니다. 그랬기 때문에 저는 병 때문에 매일 괴로워하고 슬퍼하면서도 거기에 지쳐 쓰러지지 않을 수 있었다고 생각합니다. 그리고 그랬기 때문에 그렇게 살아가는 중에도 음악대학원과 직장 생활, 해외 유학 등의 여러 과제를 수행해낼 수 있었을 거라고 봅니다. (종교에는 전혀 의지하지 않았습니다.)

정말 우연히 (아마도 운이 좋아서) 서서히 병이 낫게 되어 아주 편안하고 정상적인 삶을 유지하는 지금, 저는 정말 행복합니다. 그전에 할 수 없었던 사소하고 흔한 일들을 고통스럽지 않게 할 수 있다는 것, 평범하게 직장을 가지고 목표를 가지고 결혼을 하며 사랑하며 살 수 있다는 것 등등 이 모든 것이 감사하고 기쁘게 느껴집니다. 저는 아마도 저를 죽을 만큼 괴롭혔던 것이 남긴 유산에 의지해서 살아가는 사람이 아닐까 생각이 들기도 합니다.

어떤 이들은 이러한 이야기가 실제 삶에 대한 단순한 반영이라고 생각할 수도 있다. 최석준의 이야기가 안 좋은 결말로 끝난 이유는 고시 실패로 인해 실제로 그가 어려운 상황에 처했기 때문이라는 것이다. 하지만, 세상의 모든 이야기는 사건 그 자체가 아니라 사건에 대한 해석이다. 예를 들어, 두 번째로 고시에 실패했을 때 최석준은 지금껏 자신이 살아온 방식이 잘못되었음을 깨달았을 수도 있다. 스스로 적은 글을 통해서만 유추했을 때, 그동안 최석준은 자신이 원하고 자신에게 의미 있는 일을 하는 대신 단지 친구들에게 멋있게 보이고 사회적으로 인정받는 삶을 살아왔던 것으로 보인다. 최석준은 고시에 두 번 실패한 사건을 이제는 남에게 보여주기 위한 삶이 아닌 진정한 자신의 삶을 살라는 일종의 신호로 받아들일 수도 있었을 것이다. 만약 이러한 깨달음을 얻었다면 최석준의 글은 새로운 삶을 향한 첫걸음을 내딛는 것으로 끝났을 것이다.

실제로 중년을 지난 참여자를 대상으로 한 연구에서 나타나는 이야기 중에 이런 흐름을 보이는 경우가 종종 있다. 예를 들어, 지금껏 자신이 가족을 위해 할 수 있는 최선의 일이 돈을 많이 벌어오는 것이라 생각하여 열심히 일해 많은 돈을 벌었으나 심장마비로 죽을 고비를 넘긴 경우를 생각해보자. 누군가는 가족을 위해 많은 돈을 벌어왔는데 이제 건강도 안 좋아지고 해서 본인은 물론 가족의 삶이 위태롭다는 식의 이야기를 쓸 수도 있다. 하지만, 다른 누군가는 심장마비를 통해 진정 중요한 것은 가족과 함께 보내는 행복한 시간임을 깨달았다고 말할 수도 있다. 심장마비라는 부정적 사건을 통해 새로운 삶의 가치를 깨닫는 것이다. 똑같은 부정적 사건이라 할지라도 어떻게 해석하는지에 따라 이 두 사람의 삶은 많이 달라질 것이다.

신해성의 경우도 마찬가지다. 아무 잘못도 없는데 생겨난 아토피 때문에 친구들로부터 왕따를 당하기도 했다. 신해성은 다행히 병이

나았고 이제 건강한 삶을 찾아 평범한 일상을 누릴 수 있어 너무 행복하다고 글을 맺었다. 하지만, 비슷한 상황을 겪었던 다른 누군가는 비록 건강이 회복되기는 했지만, 여전히 예전에 겪었던 아픔들이 자신을 괴롭히고 있고 그 상처에서 벗어나기가 어렵다고 글을 맺을 수도 있다. 그리고 아마도 이런 차이는 각 개인이 부정적인 상황에 대처한 방식에서 비롯되었을 수 있다.

신해성은 힘든 시기를 겪으며 일기를 통해 끊임없이 자신이 누구인지 물었다고 했다. 그 일기의 내용을 알 길은 없지만, 아마도 아토피로 흉측해진 외모로 규정되지 않는 진짜 자신의 모습을 생각했으리라. 신해성은 글의 끝에서 자신을 "죽을 만큼 괴롭혔던 것이 남긴 유산에 의지해서 살아가는 사람"이라고 표현했는데, 이는 자신이 겪었던 과거의 고통을 자신의 삶을 이끌어가는 원동력으로 받아들였음을 나타낸다. 철학자 니체는 "우리를 죽이지 않는 것은 우리를 더 강하게 만든다"라고 말했는데, 신해성의 이야기는 이 말이 하고자 하는 바를 제대로 보여주고 있다.

자신의 인생 이야기를 오염 구조로 말하는지, 구원 구조로 말하는지는 정신건강과 밀접한 관련이 있다. 35세에서 65세 사이의 미국인을 대상으로 했던 한 연구를 자세히 살펴보자. 참여자들은 자신의 삶을 하나의 책이라 생각하고 총 여덟 장면, 즉 최고점, 최저점, 전환점, 가장 빠른 기억, 중요한 유아기 기억, 중요한 청소년기 기억, 중요한 성인기 기억, 그 이외에 개인적으로 중요한 기억에 대해 이야기해 달라는 요청을 받았다. 이러한 장면 하나하나는 오염 구조인지, 구원 구조인지 평가되었다. 연구 결과, 구원 구조로 짜인 이야기를 많이 했던 사람들은 삶의 만족도와 자존감이 높고 우울감은 낮았다. 반대로, 오염 구조로 짜인 이야기를 많이 했던 사람들은 삶의 만족도와 자존감이 낮고 우울감은 높았다. 이러한 결과는 사람들의 인생 이야기가 어떤 형식으로 되어 있는지가 사람들의 마음과 밀접한 관련이 있음을 잘 보여준다.

'암환자뽀삐'라는 유튜브를 운영하는 조윤주는 한 인터뷰에서 자신을 8년차 암 환자로 소개하였다. 24세에 암에 걸렸고, 29세에 암이 재발하였지만 암 환자에 대한 편견을 깨고 싶어 32세에 '암밍아웃'했다. 조윤주는 암이 자신에게 준 선물도 있다며 이런 말을 한다.

'아, 진짜로 내가 죽음에 가까워졌구나'라는 생각을 그때 되게 많이 했었거든요. 그러면서 생각을 했던 게 세상의 중심에 나만 두자! 정말 '세상의 중심에는 내가 있다'는 생각을 하게 됨과 동시에 제 감정에 솔직해졌고 울고 싶을 때 좀 울 수 있게 됐고 웃고 싶을 때 더 크게 웃을 수 있게 됐고 거절하는 법을 배웠어요. '이 재밌는 걸 놓치지 않기 위해서 내가 이 정도는 거절해도 되겠다'라는 생각을 함과 동시에 삶의 질이 수직상승한 것 같아요. 그게 진짜 크게 저한테 와닿았고, 그래서 좀 더 행복해진 것 같아요. 암이 저한테 준 선물이 있다면, 강제로 제 몸을 돌이켜볼 수 있고, 두 번째로는 저를 되돌아볼 수 있는 시간이 됐죠. '너는 뭐가 즐겁니?', '너는 뭐가 행복하니?'에 대해서 계속 고민할 수 있는 시간이 됐죠. 그 두 개가 굳이 꼽자면 암이 저에게 준 선물이 아닐까 생각을 해요.

이 짧은 인터뷰에 내가 이 책에서 말하고자 했던 많은 내용이 함축되어 나타나 있다. 조윤주는 죽음이 가까워졌음을, 즉 자신의 삶이 유한함을 깨닫게 되면서 자신이 삶의 주인임을 천명하고 삶에서 무엇이 더 가치 있는지 생각하며 우선순위를 따지게 되었다. 자신이 어떤 사람인지를 이해하려 노력하고 그에 따른 삶을 살면서 행복해졌다. 24세라는 꽃다운 나이에 암에 걸렸음에도 마치 신해성이 자신의 삶을 아토피가 준 유산이라 말했듯, 암이 자신에게 선물을 주었다고 말하고 있다. 인생 이야기는 단순히 삶에서 일어난 일에 대한 기록이 아니다. 그 일을 어떻게 해석하고 어떻게 자신 안에 품는지를 둘러싼 이야기이다.

내용으로 보는 인생 이야기: 독자성과 융화성

인생 이야기를 내용 측면에서 연구하는 학자들이 가장 많이 다루는 주제는 독자성agency과 융화성communion이다. 독자성이란 개인이 독립적인 개체로서 얼마나 성공적으로 살아가는지에 관한 것으로, 일을 잘하고 새로운 능력을 키우고 높은 지위를 얻는 것 등은 모두 독자성과 관련이 있다. 반면, 융화성이란 개인이 자신보다 큰 집단에 얼마나 잘 소속되어 있는지에 관한 것으로, 사랑하고 배려하고 공동체를 위해 노력하는 것 등이 이에 해당한다.

어떤 사람이든 자신만의 독립적인 몸과 마음을 가지고 있기 때문에 독자적으로 존재한다. 동시에 가족, 사회, 국가 등에 소속되기 때문에 어떤 집단에 융화되어 존재한다. 그래서 심리학자 데이비드 베이칸David Bakan은 일찍이 독자성과 융화성을 삶의 근원적인 두 차원으로 묘사하였다. 실제로 많은 인생 이야기가 독자성 혹은 융화성과 관련된 내용을 담고 있다. 먼저 독자성이 잘 드러난 백지웅의 글을 보자.

현재 저의 모습에 이르게 된 결정적인 계기는 2014년에 북경으로 교환학생을 다녀온 것입니다. 집에서 떨어져 혼자 지내는 것이 처음이었고, 인생에서 거의 처음으로 모든 것을 혼자 해결해야 하는 시기였습니다. 저는 그 시간을 헛되이 보내고 싶지 않아서 중국에 있는 동안 이룰 수 있는 버킷리스트를 세웠습니다. 온전히 저 자신이 인생의 주체가 되어서 하고 싶은 것들을 이루며 살았습니다. 내몽골 초원에서 말을 타고 달리기, 절벽에서 번지점프하기 등 다양한 경험 중에 가장 기억에 남는 것은 자전거를 타고 북경 시내를 돌아다닌 것입니다. 북경에 도착하자마자 자전거 한 대를 샀고, 학교가 끝나고 난 후 자전거를 타고 쓰차하이에 놀러 가기도 하고, 뒷골목 시장을 돌아다니며 일상을 살아가는 북경 사람들을 만났습니다. 이전에는 다소 내성적이고 말을 걸기 어려워하던 성격이었는데, 먼저 사람들에게 말을 건넬 정도로 성격이 바뀌게 되었습니다.

6개월간 제가 하고 싶은 것들을 마음껏 이루고, 성취감을 느끼면서 제가 몰랐던 저 자신을 발견하는 계기가 되었습니다. 그리고 제가 어떤 것을 좋아하고, 어떤 성향을 가진 사람이라는 것을 알아가는 것을 인생의 가장 중요한 가치로 여기게 되었습니다. 그 이후로 한국에 돌아와서도 어떤 일들에 도전할 때 주저 없이 시작할 수 있는 자신감을 얻게 되었습니다. 친구와 함께 자취 생활도 시작하고, 스타트업에 도전해보기도 했으며, 학회 생활도 시작했습니다. 내 자신이 인생의 주체가 되어 능동적인 삶을 사는 것이 행복해지는 가장 좋은 길이라는 것을 깨달았고, 현재에도 그러한 삶의 방식을 유지하고 있습니다.

백지웅은 북경으로 교환학생을 떠나며 처음으로 혼자서 지내게 되었다. 하지만, 모든 것을 스스로 해결해야 하는 어려움과 혼자 사는 외로움에 매몰되지 않고 자신의 약점을 극복하기도 하고 새로운 일에 적극적으로 도전하게 되었다. 나아가 자신이 무엇을 좋아하는지 깨닫고 그걸 이루어 나가는 것을 삶의 중요한 가치로 삼게 되었다. 백지웅은 자신이 어떻게 남들과 구분되는 독립적인 사람으로 잘 살아가고 있는지 적고 있어, 이 인생 이야기는 전형적인 독자성의 예시라 할 수 있다. 다음으로 융화성이 잘 드러난 이유진의 글을 보자.

현재 나의 모습에 이르게 된 사건들에는 내 주변의 좋은 사람들의 영향이 크다. 나는 집단과 어울리지 못할 때가 있고 많은 친구들 사이에 있을 때는 크게 즐겁지 않다. 그래서 내가 사회성에 문제가 있는지에 대한 고민도 했었고 외로웠다고 생각한 순간들이 있었다. 그렇지만 언제 어디서든 나는 좋은 사람들을 만났고 그 사람들과 깊고 신뢰하고 서로를 위하는 관계를 쌓았다. 그 친구들은 나에게 그 무엇보다도 든든한 희망이다. 외롭다고 느낄 때, 힘든 순간이 찾아왔을 때, 결정을 내려야 할 때, 혼자서는 감당 못하는 일들이 생겼을 때 나는 주저하지 않고 내 친구들을 찾는다. 멀리서 사는 친구는 전화로 문자로 도와주고 가까이 있는 친구는 나를 만나러 와서 내 이야기를 다 들어주고 자기 일인 것처럼 걱정해주고 도와주고 끝까지 함께해준다. 그럴 때마다 고맙고 벅차오르고 든든하고 행복하다는 감정을 느낀다.

이런 관계들을 통해 나는 사람 사이의 관계를 매우 소중히 여기게 되었다. 나는 내가 할 수 있는 만큼 최선의 사랑과 애정을 내가 아끼는 사람에게 보낸다. 내가 최선을 다해서 이뤄낸 관계는 설사 그 관계가 끝난 후에도 아름답고 좋은 기억으로 남게 된다. 그리고 다시 보지 않는 사이가 되더라도 난 그들이 잘 살 수 있기를 진심으로 응원할 수 있다. 나는 사람, 그리고 그 속에서의 사랑이 제일 중요하다고 생각하는 사람이다.

많은 친구들과 함께 있을 때 그리 즐겁지 않다는 것으로 미루어 보아 이유진은 아주 외향적인 사람은 아닌 듯하다. 실제로 집단 속에 있는 자신을 보며 자신의 사회성을 의심하기도 했었다. 하지만, 시간이 지나며 (아마도 수가 많지는 않아도) 서로가 서로를 진심으로 아끼고 배려하는 사람들을 만나게 되었고 그들과 나누는 우정과 사랑이 삶의 가장 중요한 가치가 되었다.

자신의 인생 이야기에 독자성과 융화성과 관련된 이야기를 포함하는 것이 개인에게 어떤 영향을 미치는지를 살펴본 연구를 하나 소개한다. 직업이나 종교를 바꾼 경험이 있는 성인들을 대상으로 했던 한 연구에서는 참여자들로 하여금 직업이나 종교를 바꿀 당시의 경험을 적게 했다. 이후 그 이야기들에 자신의 능력이나 성취에 있어 발전이 있었는지(독자성), 또 다른 사람이나 조직과의 관계가 더 좋아졌는지(융화성) 등을 밝히는 진술이 있는지 확인한 결과, 이런 내용을 적은 사람들의 심리적 안녕감이 그렇지 않은 사람에 비해 더 높게 나타났다.

비록 독자성과 융화성 모두 개인에게 중요한 특성이기는 하지만, 정신건강과 관련해 더 주목을 받아온 것은 독자성이다. 심리적인 문제로 상담을 받는 내담자들을 상대로 했던 한 연구는 독자성의 중요성을 잘 보여주었다. 이 연구에 참여했던 내담자들은 12회기에 걸친 상담을 시작하기 전, 그리고 매회 상담을 마친 후에 상담과 관련된 이야기를 적고 정신건강을 측정하는 여러 설문에 응답했다. 연구자는 내담자들의 이야기에 독자성에 관련된 내용이 포함돼 있는지 파악했다. 기존 연구 결과와 마찬가지로 독자성과 정신건강 사이에는 서로 관련성이 있었다. 연구자는 한걸음 더 나아가 독자성이 높아짐에 따

라 정신건강이 좋아지는지, 아니면 반대로 정신건강이 좋아짐에 따라 독자성이 높아지는지를 알아보았다. 정답은 전자였다. 즉 상담을 통해 자기 자신을 스스로 무언가를 이뤄낼 수 있는 사람이라고 이야기를 한 후에 정신건강이 좋아졌다.

독자성과 관련해 내가 했던 연구는 사람들의 진짜 인생 이야기가 아니라 지어낸 이야기를 분석하는 것이었다. 심리학에서 종종 쓰이는 주제통각검사Thematic Apperception Test를 받는 사람은 194쪽의 그림처럼 어떤 일이 벌어지고 있는지 명확하지 않은 그림을 보고 그림 속 상황에 대한 이야기를 만들어내게 된다.

바이올린을 앞에 두고 이 소년은 무얼 하고 있는 것일까? 어떤 사람은 소년이 바이올린을 망가뜨려서 어떻게 해야 할지 고민하고 있다는 내용을 두세 줄 적었고 어떤 사람은 이 소년의 이름은 무엇이고, 이곳은 어디이고, 지금은 몇 시인데 등의 내용을 다 포함해 1쪽이 넘는 이야기를 지어내기도 한다. 내 연구의 참여자들은 먼저 우울의 정도를 측정하는 설문지에 답변한 후에 주제통각검사에 사용되는 그림 세 개를 보고 각각 어떤 일이 벌어지고 있는지 이야기를 만들어냈다. 이 연구를 통해 나는 우울증이 심한 사람은 자기 자신에 대한 이야기가 아니라 이런 가상의 이야기에 대해서도 독자성이 낮은 이야기를 적는지 확인하고 싶었다.

연구에 참여했던 두 참여자의 이야기를 비교해보자. 조시영은 이

소년이 현재 좌절해 있다고 묘사했다. 소년의 부모는 모두 유명한 바이올리니스트이고 이 소년은 어떤 곡을 연주하기 위해 오랫동안 열심히 노력하였다. 하지만, 소년의 부모는 그 노력을 칭찬하지 않고 여전히 연주 실력이 부족하다고 말했다. 이에 소년은 의기소침해서 앉아 있다. 이야기에 등장하는 주인공의 연주가 서투르고 더 이상 열심히 연습하려 하지도 않는다는 점에서 독자성이 낮은 이야기이다.

반면 사민제가 제시한 이야기는 소년이 바이올린 선생님으로부터 혼나는 장면으로 시작한다. 선생님은 소년에게 바이올린을 가슴 속 깊이 느껴보라며 독방에서 시간을 보내게 했다. 두 시간이 지나도 아무 일도 일어나지 않았다. 문은 열려 있고 그냥 나갈까도 생각했지만 알 수 없는 무엇인가가 소년을 머무르게 했다. 세 시간 정도가 지나자 뭔가가 변하기 시작했다. 마치 바이올린이 자신에게 말을 걸고 자신을 유혹하는 것처럼 느껴지기 시작한 것이다. 그렇게 바이올린을 집어 들었을 때, 선생님이 이제 기대를 저버린 듯 그만 나와도 된다고 말했다. 하지만, 소년은 미소를 지으며 조금 더 있고 싶다고 말한다. 이 이야기에서 소년은 결국 바이올린과 소통하며 연주에 대한 자신감을 얻게 되기 때문에 이는 독자성이 높은 글이라 할 수 있다. 예상되는 바와 같이 사민제에 비해 독자성이 낮은 이야기를 쓴 조시영의 우울 지수가 더 높았다. 자기 자신에 대한 이야기뿐 아니라 가상의 이야기에서조차 독자성과 정신건강 사이에는 밀접한 관련이 있는 것이다.

다른 그림에 대한 답변을 더 살펴보자. 197쪽의 그림은 194쪽의 그림보다 불확실한 요소가 더 많다. 칼을 들고 있는 사람은 누워 있는 사람을 죽이고자 하는 것인가, 살리고자 하는 것인가? 양복 입은 사람은 지금 이 현장에 있는 것인가, 아니면 생각을 하는 것인가? 생각을 하는 것이라면 지난날을 회상하는 것인가, 앞날을 계획하는 것인가? 그런데 잠깐, 양복 입은 사람은 남자인가 여자인가?

이 그림을 독자성이 높은 이야기로 풀어낸 이상헌의 답변을 먼저 살펴보자. 앞에 있는 양복 입은 남자는 기자이고, 최근 발생한 살인 사건에 대해 조사하고 있다. 부검 결과, 피해자는 독살된 것으로 밝혀졌다. 기자는 어떻게 이 살인이 발생했는지 추측할 수 있었고 진실을 알기 위해 급하게 자리를 떴다. 결국 기자는 범인에 대한 단서를 직접 찾아내 경찰에 알렸고, 그에 관한 기사를 작성해 엄청난 찬사를 받았다. 주도적으로 사건의 실마리를 찾아내고 경찰에 알려 범인을 잡고 자신의 이름을 널리 알린 기사를 작성하였다는 점에서 알 수 있듯, 이상헌의 이야기에는 뛰어난 업무 능력과 그로 인한 지위 상승 등 독자성을 나타내는 전형적인 요소들이 다 들어 있다.

최미림은 전혀 다른 이야기를 지어냈다. 양복을 입은 사람은 누워 있는 사람의 아내이다. 둘은 같이 살면서 일도 같이 하였지만, 그리 행복하지는 않았고 그들의 결혼 생활은 공허했다. 어느 날 남편은 갑자기 쓰러졌고 병원에서 수술을 받았다. 아내는 동행하여 수술 과정을 지켜보고 있지만, 그녀의 표정은 차갑다. 아내는 이 상황이 짜증이 나고 남편이 죽든 살든 어서 이 시련이 끝나기만을 기다리고 있다. 최미림이 그려낸 아내의 모습에는 능동적으로 무언가를 성취하는 모습이 전혀 나타나지 않는다. 이미 공허해진 결혼 생활을 그저 버티고 있고, 남편이 죽든 살든 상관없이 어서 수술 결과가 나오기만을 무력하게 기다리고 있다. 세상을 향해 우뚝 서서 적극적으로 무언가를 성취하기보다는 자신이 처한 상황을 세상이 끝맺어주길 막연히 기다리고 있다는 점에서 이 이야기에서 나타난 독자성은 매우 낮다.

같은 그림에 대해 사람들이 만들어내는 이야기가 이렇게 다르다. 정말 놀랍지 않은가? 그런데 정말 놀라운 것은 단순히 상상해낸 이야기의 내용이 다르다는 것이 아니다. 이 상상력의 차이가 우울 정도의 차이와 밀접하게 관련이 있다는 것이다.

우울에 관한 많은 연구에 의하면, 우울한 사람은 현실을 부정적으로 왜곡하여 받아들이는 경향이 있다. 내가 했던 다른 연구에서 참여자들은 자신의 성격에 대해서 친구들이 어떻게 평가할 것이라고 생각하는지 답변하였다. 그리고 참여자의 친구들이 같은 문항을 이용해 참여자의 성격을 평가하였다. 두 답변을 비교한 결과, 우울한 사람들의 예상은 친구들이 실제로 평가한 것보다 더 부정적이었다. 친구들은 자신의 성격을 나쁘게 평가하지 않는데, 안 좋게 평가할 것이라고 생각하는 것이다. 이렇게 현실을 부정적으로 왜곡하는 경향이 자신의 인생을 이야기로 풀어낼 때도 고스란히 나타난다. 개인이 만들어내는 이야기는 자기 자신에 관한 이야기이든 모호한 자극에 대한 이야기이든 분명 화자에 대해 중요한 무언가를 드러낸다. 그러니 자신의 인생 이야기에 다른 사람과의 친밀감과 유대감이라는 주제가 있는지, 더 중요하게는 성장과 배움, 자기 이해라는 주제가 있는지 잘 살펴볼 필요가 있다.

정체성을 찾는다는 것···

내가 나로서
다른 사람에게
이해될 수 있는 것

8장

'오늘'을 나답게 살기

목적지가 없는 사람에게는 어떤 바람도 순풍이 아니다.

- 몽테뉴 -

인생 최고의 거짓말을 하지 않으려면

미국의 영화배우 엠마 스톤은 애리조나주의 스코츠데일이라는 도시에서 태어나고 자랐다. 어렸을 때부터 연기에 관심이 많아서 크고 작은 역할을 맡아 연기를 했다. 열네 살이 되었을 때 스톤은 부모님을 모셔놓고 마돈나의 노래 〈할리우드〉에 맞춰 왜 자신이 할리우드에 가야 하는지에 대해 파워포인트를 이용해 프레젠테이션을 했고 결국 어머니와 함께 할리우드로 이사를 갔다. 지인이라는 말로는 부족하고 감히 인생의 동료라 불러도 좋을 옛 직장 상사가 영화 〈라라랜드〉를 보고 와서 스톤의 열정이 정말 놀랍다는 말을 했을 때 나는 이 이야기를 들려주었다. 그러자 모든 것이 이해가 된다는 듯이 "역시!"라고 말하며 고개를 끄덕였다.

이 이야기는 아마도 스톤 본인의 '영혼의 자서전'에 중요한 전환점으로 기록되겠지만, 이런 식으로 다른 사람에게 엠마 스톤이 누구이고 어떤 사람인지를 설명하는 데도 유용하게 사용될 수 있다. 이야기에는 전달력과 호소력이 있기 때문이다. 우리는 이야기를 통해 자신을 설명하기도 하고 다른 사람을 이해하기도 한다. 어느 조직이든 새로운 사람을 뽑을 때 자기소개서로 대변되는 인생 이야기를 요구하는 것은 바로 이 때문이다.

입사지원서에 반드시 들어가는 두 가지는 출신 학교, 자격증, 경험 등 소위 스펙과 자기소개서로 대표되는 자신의 이야기이다. 1980년대까지만 해도 대학교 졸업장만 있어도 쉽게 취업이 되었지만, 90년대 이후 취업은 점점 더 어려워지고 있다. 그에 따라 대학교 생활의 풍경도 많이 바뀌었다. 대학교에서의 낭만과 학문에 대한 열정은 찾아보기 힘들고 학생들은 학점, 인턴 경험 등 스펙을 쌓는 일에 많은 시간을 할애한다. 하지만, 안타깝게도 그 과정에서 개개인의 이야기는 사라지고 있다. 그래서 많은 취업준비생이 자소서(자기소개서)를 '자소설'이라 부르기도 한다. 그때그때 지어내는 거짓 이야기라는 것이다.

스펙과 자기소개서 중에 어떤 것이 취업에 더 큰 역할을 할까? 성공을 단념하자 성장하기 시작했고, 비교를 멈추자 구별되기 시작했고, 최고를 포기하자 유일의 길로 나아갔고, 상품임을 포기하자 작품으로 변해갔고, 욕망을 내려놓자 만족이 찾아왔고, 경쟁을 피하자 공존이 가능했고, 마침내 기회가 찾아왔다는 김정태는 자신의 책《스토리가 스펙을 이긴다》에서 왜 스토리, 인생 이야기, 즉 자기소개서가 이길 수밖에 없는지 많은 예를 들어가며 설명한다.

나 역시 학생들에게 비슷한 말을 종종 한다. 스펙은 지원자를 면접장에까지 데려갈 수는 있으나 절대 취업을 시켜주지는 않는다. 자기소개서의 내용과 조화가 되는 스펙은 취업에 도움이 되지만, 따로 노는 스펙은 오히려 해가 될 수 있다. 나도 대학원생을 선발할 때 자기소개서를 유심히 읽고 그 내용이 다른 제출 서류에 의해 뒷받침되는지를 면접에서 묻는다. 자기소개서의 핵심은 지금껏 살아온 자신의 인생을 돌이켜봤을 때 왜 자신이 이 회사나 학교에 들어가야만 하는지를 설득력 있게 제시하는 것이다. 자신의 주관적인 인생 이야기가 객관적인 스펙과 조화되지 않으면 자소서는 자소설이 된다.

자기소개서, 즉 이야기의 중요성은 지원자와 선발자의 입장을 바꿔서 생각해보면 쉽게 이해할 수 있다. 어떤 일을 하고 싶은지도 모르고 무조건 좋은 기업에 들어가기 위해 눈부신 스펙을 쌓은 지원자는 '이렇게 훌륭한 스펙을 가진 내가 일해주겠다는데 당연히 나를 뽑아야지' 하고 생각할 수 있다. 하지만 선발자 입장에서는 '이 지원자는 스펙은 좋은데 왜 꼭 우리 회사에서 일하고 싶은지에 대한 이야기가 없는 걸 보니 아마 뽑아도 다른 회사로 금방 옮기겠군' 하고 생각할 수밖에 없다. 자신이 보기에 그럴듯하게 자소설을 썼다고 해도 면접에서 조금만 심도 있게 얘기해보면 억지로 지어낸 이야기라는 것을 다 알 수 있다. 사람 뽑는 데 전문가들 아닌가?

자신의 이야기를 만들기보다 스펙 쌓기에 열중하는 학생들의 마음도 이해는 된다. 자신이 하고 싶은 일이 있더라도 요즘처럼 취직하기 어려운 시기에는 관련 회사가 언제 채용을 할지도 모르기 때문에 특정 회사에만 해당하는 이야기보다 여러 회사에 범용으로 써먹을 수 있는 스펙을 쌓는 것이다. 이에 대해 세 가지 문제를 논하고 싶다.

첫째는 앞에서 언급한 이유로 불행히도 스펙만으로는 면접까지는 갈 수 있어도 취업에 성공할 수 없다는 점이다.

둘째는 김정태의 표현을 빌리자면, 직업이라는 단어를 이루고 있는 직과 업의 구분이다. 직職은 단순히 누군가가 한 조직 안에서 맡고 있는 일을 가리킨다. 반면, 업業은 자신이 평생 매진하는 특정한 일을 가리킨다. 스펙 쌓기에 몰두하는 사람들은 주로 어떤 직이든 상관없으니 남들 보기에 번듯한 직장에서 일하고 싶다는 생각을 하는 사람들이다. 반면 좋은 이야기를 쓰는 사람들은 자신이 추구해야 할 업을 중요시하는 사람들이다. 그래서 업을 추구하는 사람들은 아마 비교적 적은 수의 회사에만 지원할 수도 있고, 그 결과 남들 보기에 번듯한 곳에 취업하지 못할 수도 있다. 선택의 문제이고 이 선택에는 아마도 부모를 비롯한 주변 사람들로부터 미움받을 용기가 필요하다. 하지만, 분명 좋은 선택이다. 그 이유는 다음 문제와 관련이 있는데 직무 부적합으로 인한 조기 퇴사 현상이다.

몇 년 전 온라인 채용 포털 서비스 업체인 인크루트에서 직장인 1,184명을 대상으로 다시 대학교 시절로 돌아갈 수 있다면 가장 하고 싶은 일이 무엇인지 물었다. 응답자 중 11.8퍼센트가 취미 생활, 여행 등 여가 활동, 12.9퍼센트가 이른 취업 준비, 18.4퍼센트가 학과 공부를 꼽았다. 하지만, 무려 41.1퍼센트가 꼽았던 답변은 신중한 적성 파악과 진로 선택이었다. 취직을 하기는 했지만 직장 생활이 행복하지 않은 것이다. 이런 후회는 퇴사와도 직접 연결된다. 한국교육개발원의 취업자 통계 자료에 의하면, 1년 이상 취업을 유지하고 있는 '유지 취업률'은 75.6퍼센트에 불과했다. 한국경영자총협회가 실시한 조사에서도 대졸 신입사원의 1년 내 퇴사율은 27.7퍼센트로 나타났다. 신입사원의 퇴직 사유 중 가장 두드러지는 것은 역시 적성 문제이다. 한국경영자총협회의 조사에서 퇴직 사유 1위는 49.1퍼센트를 차지한 '조직·직무 적응에 실패했기 때문'이었다. 잡코리아의 조사에서도 '직무가 적성에 맞지 않아서'라는 응답이 22.5퍼센트로 가장 많았고, '조직에 적응하지 못해서'가 19.2퍼센트로 그 뒤를 이었다.

그래서 다시 한번 말하건대 정체성이 중요하다. 자신이 좋아하고 의미 있는 일이 무엇인지 알고 그 일에 대한 능력을 키우기 위해 준비하지 않으면 설사 취직을 한다고 해도 그리 만족스러운 삶을 살지 못하는 것이다. 스펙을 중시하는 사람에게는 불행히도, 하지만 이야기를 중시하는 사람에게는 다행히도 기업의 채용 문화도 바뀌고 있다. 현대·기아차가 2019년부터 1년에 두 번씩 시행하던 정기 공채를 폐지하고 직무별 상시 채용을 시작했다. SK가 뒤를 이었다. 적당히 똑똑한 사람을 뽑아 적당히 교육시켜 적당한 업무를 주던 방식에서 애초부터 해당 업무를 잘해낼 수 있는 사람을 뽑겠다는 것이다. 난 앞으로 이런 상시 채용 방식이 더 늘어날 것이라고 확신한다. 그리고 이런 방식으로 채용되는 사람은 자신의 정체성에 맞게 오래전부터 입사를 준비하여 좋은 이야기를 가지고 있는 사람일 것이다.

시간이 아닌 의미의 균형

요즘 워라밸에 대한 관심이 뜨겁다. 워라밸은 워크work(일)와 라이프 life(삶)의 밸런스balance(균형), 즉 일과 삶의 균형을 뜻하는 신조어로 지나치게 일에 치우쳐 사는 삶을 탈피하자는 의미로 사용된다. 나는 이 말의 취지에는 전적으로 공감하지만, 워라밸이라는 표현 자체는 그리 달갑지 않다. 일은 삶의 중요한 부분이다. 깨어 있는 시간의 거의 절반을 차지하는 일을 소외시켜 삶과 대척점에 둔다면 좋은 삶을 영위하기는 쉽지 않다. 아침 일찍 출근해 저녁 늦게까지 일만 하는 삶은 분명 지양해야 하지만, 자신에게 재미와 의미를 주는 일을 찾아 중요한 삶의 일부로 포섭하는 삶은 지향해야 마땅하다(최근 학계에서도 work life balance라는 표현 대신에 work non-work balance라는 표현을 쓰기 시작했다). 일과 삶이 시간이라는 측면에서 균형을 이루는 것보다 더 중요한 것은 일과 삶이 의미라는 측면에서 조화를 이루는 것이다. 나는 그 조화가 개인의 이야기와 기업의 이야기가 서로 엮일 때 생겨난다고 생각한다. 그리고 두 이야기를 엮는 데 매우 뛰어났던 사람이 스티브 잡스였다.

인생 이야기로서의 정체성 이론에 대해 알고 있었을 것 같지는 않지만, 잡스는 그 중요성을 본능적으로 알고 있었던 사람이다. 우리에게도 친숙한 스탠퍼드 대학교 졸업 축사에서 잡스는 자신의 인생 이야기 세 개를 들려줄 것이라며 말을 시작한다. 그중 가장 중요한 이야기라고 할 수 있는 죽음에 관한 이야기에서 잡스는 이렇게 말한다. "여러분의 삶은 한정되어 있으니 다른 사람의 삶을 살면서 여러분의 삶을 낭비하지 마세요." 이 한 문장에 내가 1장에서 언급한 정체성에 대한 내용이 함축되어 있다. 정체성에 관한 그의 본능은 애플을 운영하는 데에도 지속적으로 영향을 미쳤다.

자신이 세웠던 애플에서 쫓겨난 후 11년 만에 다시 복귀해서 잡스가 제일 먼저 한 일은 브랜드 캠페인, 즉 애플이라는 회사가 무엇을 추구하는 회사인지 다시금 명확히 알리는 것이었다. 이 캠페인은 기본적으로 잠재 고객들에게 던지는 메시지였지만, 동시에 애플 직원들에게 주는 메시지이기도 했다. 잡스의 표현을 빌리자면, "애플 사람들은 자신의 정체성을 잊어버린 상태"였기 때문이다. 그렇게 태어난 것이 문법을 파괴하면서 만든 'Think different' 광고이다. 다른 방식으로 생각하라는 'Think differently'가 아닌, 다른 것을 생각하라는 'Think different'.

아인슈타인, 간디, 피카소 등의 영상을 보여주며 미친 자들을 위해 잔을 들자며 시작하는 광고는 자신이 세상을 바꿀 수 있다고 믿을 만큼 미친 자들이 실제로 세상을 바꾼다는 말로 끝난다. 이것이 바로 애플의 정체성이라는 것이다. 이 광고를 처음으로 소개하는 자리에서 잡스는 자신이 생각하기에 마케팅에서 가장 중요한 것은 기업이 추구하는 가치를 전달하는 것이라며 이렇게 말한다. "애플의 핵심 가치는 열정을 가진 사람들이 세상을 더 좋게 바꿀 수 있다는 믿음입니다."

월터 아이작슨의 전기 《스티브 잡스》에 의하면, 잡스는 애플에서 쫓겨나기 전에도 복귀한 후에도 자신과 애플의 비전이 무엇인지, 무엇을 위해 일을 하는지에 대해 지속적으로 말했고, 그 비전을 공유하는 사람을 뽑기 위해 노력했다. 여기저기서 말한 잡스와 애플의 목표를 요약하면, 혼을 빼놓을 만큼 훌륭한insanely great 제품을 만듦으로써 사람들의 삶의 방식lifestyle을 바꾸어 우주에 흔적을 남기는 것put a ding in the universe이다. 잡스는 신경질적이고 무례하고 독선적인 사람이었다.

그럼에도 불구하고 그의 비전을 공유하는 사람들은, 그의 열정에 감명받은 사람들은 그와 함께 우주에 흔적을 남기는 일에 기꺼이 동참하였다.

동기부여에 관한 여러 전문가들이 직원들의 의욕을 이끌어내는 방법에 대해 말하지만, 나는 기업의 이야기와 직원의 이야기가 엮이게 하는 것만큼 효과적인 방법은 없다고 생각한다. 이러저러한 보상을 하고, 이렇게 저렇게 회의 방식을 바꾸는 것도 분명 효과적일 수 있겠으나, 외부 환경에서 비롯된 의욕들은 그 상황이 사라지게 되면 함께 사라지기 마련이다. 하지만, 개인의 인생 이야기가 기업의 이야기와 만나 함께 엮이면, 즉 자신의 삶에서 왜 자신이 몸담고 있는 기업에서 일하는 것이 중요한지 이해하게 되면 의욕은 내면화된다. 외적 상황이 변해도 의욕은 여전히 개인 안에 남게 된다. 회사가 어려워져 보너스를 지급할 수 없을 때 돈을 보고 일한 직원들은 회사를 떠나겠지만, 회사와 함께 의미 있는 일을 하고 있다고 생각하는 직원들은 어려움을 극복하기 위해 더 열심히 일할 것이다.

개인의 이야기와 회사의 이야기의 융합. 실제로 잡스는 1985년 미국의 월간지 《플레이보이》와의 인터뷰에서 이와 비슷한 말을 한다. "나는 항상 애플과 연결돼 있을 겁니다. 인생 전체에 걸쳐 나의 '인생의 실'과 '애플의 실'이 마치 씨줄과 날줄처럼 엮여 융단을 만들어내길 바랍니다." 물론 회사의 주인이 아닌 개별 직원에게서 이 정도의 융합을 기대하기는 어려울 것이다. 하지만, '이 회사 덕분에 가족과 함께 삶을 영위할 수 있다'는 이야기에서부터 '이 회사에서 나는 내가 하고 싶은 것을 할 수 있다'는 이야기, 나아가 '이 회사를 통해 나는 나 혼자서는 할 수 없는 큰 가치를 실현하고 있다'는 이야기에 이르기까지, 자신의 인생 이야기 어딘가에 회사의 이야기가 엮일 수 있어야 한다.

이는 단지 애플만의 이야기가 아니다. 아마존의 경영 전략과 관련해 최고의 전문가로 꼽히는 존 로스만은 《아마존처럼 생각하라》에서 이런 말을 한다. "반드시 사명을 명확히 정의할 방법을 찾아야 한다. 그리고 그 사명에 과거에서 시작되어 현재를 거쳐 미래로 이어질 중요한 유산이라는 옷을 입히고, 그 사명을 직원 각자와 연결시킬 방법을 알아내야 한다." 애플의 예를 이 말에 적용해보면, 애플 직원의 사명은 혼을 빼놓을 만큼 훌륭한 제품을 만드는 것이고, 이를 통해 남기고자 하는 유산은 사람들의 삶의 방식을 바꾸어 우주에 흔적을 남기는 것이다. 그런데 회사의 사명을 직원 개개인과 어떻게 연결할 수 있을까? 두 가지가 중요하다. 이미 비슷한 사명을 가지고 있는 직원을 선발하는 것과 끊임없는 의사소통을 통해 사명을 공유하는 것.

기업과 개인의 이야기의 융합이라는 측면에서 봤을 때, 국내 기업 중 이를 가장 잘 실천하고 있는 기업은 SK이다. SK그룹의 회장 최태원은 이제 기업은 단순히 이익을 창출하는 것이 아니라 사회적 가치를 창출해야 한다는 사명을 명확히 제시했고 이 사명을 공유하기 위해 2019년 한 해 동안 직원들과 백 번 만나겠다는 약속을 실천하고 있다. SK그룹은 기업의 사회적 책임이라는 개념이 없던 시절에 이미 〈장학퀴즈〉라는 텔레비전 프로그램을 후원하여 학업을 장려하고, 한국고등교육재단을 설립해 우수한 인재들이 선진국에서 앞선 지식을 배워올 수 있도록 장학금을 주었다. 당장은 SK 내부 직원들의 냉소주의를 극복하는 것이 큰 과제라고 하지만, 이런 의사소통의 노력이 직원들의 영혼에 울림을 줄 것이라고 믿는다. 그리고 머지않아 같은 사명을 공유하는 실력 있는 사람들이 SK의 문을 두드릴 것이다. 현대자동차의 수석 부회장인 정의선 역시 최근 타운홀 미팅 방식을 통해 직원들과 많은 소통을 하는 것으로 알려져 있다. 이 두 기업이 직원 채용 방식을 대규모 공개 채용에서 소규모 상시 채용으로 바꾼 결정은 우연이 아니다.

이러한 노력에 더해 한 가지 추천하고 싶은 것은 직원들이 인생 이야기를 쓰고 공유하게 하는 것이다. 많은 기업에서 직원을 채용하거나 승진시킨 후에 여러 교육을 진행한다. 이 교육의 마지막 과제에서, 예를 들어 '나와 SK, SK와 나'라는 주제로 SK에서 일하는 것이 자신의 인생에서 어떤 의미가 있고 그래서 자신이 SK와 함께 어떤 인생 이야기를 써나가고 있는지 적고 소규모 그룹 활동을 통해 그 이야기를 함께 나누는 것이다. 기왕이면 간직하고 싶은 멋진 공책에 적게 하고 회사에는 제출하지 않게 하면 더 효과가 좋을 것이다.

이러한 글쓰기 활동은 두 가지 면에서 긍정적 효과를 낼 수 있다. 첫째는 내면화이다. 점심으로 짜장면을 먹을지 짬뽕을 먹을지를 두고 다른 사람을 설득하는 것은 가능하다. 하지만 인생의 큰 결정은 다른 사람의 설득을 통해 이뤄지지 않는다. 오직 자신만이 자신을 진정으로 설득할 수 있다. 배우는 것과 가르치는 것도 마찬가지이다. 단순히 정보를 받아들일 때가 아니라 자기 머릿속에서 재구성하여 다른 사람에게 가르칠 때 진정한 앎이 생겨난다. 과외라도 한 번 해본 사람은 이 말의 의미를 알 것이다. 그런 면에서 예를 들어 '나와 SK, SK와 나'라는 인생 이야기 쓰기는 직장 생활의 의미를 내면화할 수 있는 최선의 길이 될 것이다.

둘째, 각자의 이야기를 공유하는 과정에서 자신이 미처 생각하지 못했던 의미를 깨달을 수 있다. 기업의 회장이 생각하는 기업의 의미가 아니라 자신과 비슷한 처지에 놓인 사람들이 어떤 의미를 찾으며 직장 생활을 하는지 당사자의 생생한 목소리로 들을 때 혼자서는 보지 못했던 의미들을 보게 될 수 있다.

자본주의 시대를 살아가는 사람들에게 돈은 분명 중요하다. 하지만, 사람들이 삶에서 중요한 선택을 할 때 가장 중요하게 생각하는 요소는 돈이 아니다. 정말 사람을 움직이려면 영혼을 움직여야 한다. 잡스가 매킨토시를 출시하며 애플의 새로운 사장으로 당시 펩시콜라 사장으로 승승장구하고 있던 존 스컬리를 영입할 때의 일화다. 몇 개월에 걸친 잡스의 구애에도 스컬리가 확신을 하지 못하고 망설이자 잡스는 이렇게 말했다. "설탕물이나 팔면서 남은 인생을 보내고 싶습니까? 아니면 세상을 바꿀 기회를 붙잡고 싶습니까?" 스컬리의 '영혼의 자서전'의 주제가 무엇이 될 것인지에 대해 돌직구를 던진 것이다. 결국 스컬리는 그 자리에서 잡스의 제안을 승낙했지만 이 말은 이후로도 며칠 동안 스컬리의 머릿속을 맴돌았다고 한다. 애초 잡스와 연봉 백만 달러와 입사 보너스 백만 달러라는 조건에 합의했던 스컬리는 실제로는 연봉 50만 달러와 보너스 50만 달러라는 조건에 애플로 자리를 옮긴다. 돈이 아니라 영혼을 울리는 한마디가 인생의 항로를 바꾼다.

내 인생 이야기의 공동 저자

잘나가던 KBS 아나운서를 그만두고 여행 작가, 소설가로서 활동하며 사람들의 인생 디자인을 돕는 회사를 설립한 손미나에게도 영혼을 울리는 한마디가 있었다. 당시 손미나는 9시 뉴스의 앵커를 하다가 과감하게 일주일 넘는 휴가를 얻어 몰디브로 떠났다. 거기서 결혼을 앞두고 자신의 삶을 돌아보기 위해 혼자 몰디브로 온 이탈리아 여성 의사와 많은 시간을 함께 보냈다. 휴가의 대부분을 함께 보내며 손미나는 자신에 대해 별의별 얘기를 다 했다(고 생각했다).

하지만, 몰디브를 떠나기 하루 전 이 의사는 손미나에게 지난 일주일 동안 많은 이야기를 나누었으나 막상 다시 생각해보니 손미나가 진짜 어떤 사람인지 잘 모르겠다고 말했다. 그동안 나누었던 모든 이야기는 손미나의 일에 관한 것일 뿐 막상 손미나라는 사람 그 자체가 누구인지는 모르겠다는 것이었다. 그러면서 손미나에게 행복하냐고 물었는데 손미나는 끝내 그렇다고 말하지 못했고, 행복하다고 자신 있게 대답하지 못하는 자신의 삶에 큰 충격을 받았다. 이후 손미나는 이 한마디가 남들이 부러워하는 KBS라는 직장을 그만두고 인생의 항로를 변경하게 된 주된 원인 중 하나였다고 《내가 가는 길이 꽃길이다》에서 술회했다.

이 말을 듣기 전의 손미나는 최고가 되기 위해 최선을 다해 살아왔던 자신의 인생과 인생 이야기 어디에 문제가 있는지 제대로 인지하지 못한 채로 살고 있었다. 낙오되지 않기 위해 치열하게 노력했고 그 결과 성공적인 인생을 살고 있다고 생각했다. 하지만, 이 대화를 통해 자신의 인생 이야기에는 정작 자신의 이야기가 없음을 깨닫게 되었다. 그리고 이 사건을 전환점으로 삼아 새로운 인생 이야기를 여전히 써나가고 있다.

내가 심리학자로서 사람의 마음과 행동을 이해하는 여러 접근 방법 중에서 특히 인생 이야기를 좋아하는 이유가 바로 여기에 있다. 사람들이 가지고 있는 외향성이나 우호성과 같은 성격들은 유전에 의해 50퍼센트 정도 결정되기 때문에 개인의 노력으로 바꾸기가 어렵다. 그런 만큼 자신을 이해하는 데 필요한 요소이기는 하지만, 인생의 주인이 되어 주체적으로 인생의 항로를 결정하는 데에는 크게 도움이 되지 않는다. 반면, 인생 이야기는 언제든 새로 쓸 수가 있다. 때로는 개인의 노력을 통해, 때로는 불현듯 찾아온 통찰을 통해, 그리고 때로는 주변 사람들의 영혼을 울리는 한마디를 통해 인생 이야기의 내용을 바꿀 수 있다.

허나 주변 사람의 한마디가 반드시 수려하고 멋질 필요는 없다. 강한 신뢰를 바탕으로 한 한마디가 풍랑에 흔들리는 배의 굳건한 닻이 되기도 한다. 드라마 〈나의 아저씨〉에서 이지안(아이유 분)은 휴대전화에 심어놓은 도청 프로그램을 이용해 박동훈(이선균 분)의 인생 이야기 정도가 아니라 인생 자체를 엿듣는다. 박동훈의 허점을 잡기 위해 시작한 도청이었지만 오히려 이지안은 가공되지 않은 날것 그대로의 삶을 듣고 박동훈을 좋아하고 존경하게 된다. 한편, 박동훈은 아내의 외도에 대해 알게 되자 자신은 그런 대접을 받아도 되는 가치 없는 인생이라고 생각하게 된다. 아내의 외도 때문에 자신의 인생 이야기를 부정적으로 써나가기 시작한 것이다. 그러던 어느 날 자신의 편을 들어준 이지안에게 자신은 그렇게 괜찮은 놈이 아니라고 얘기하자 이지안이 말한다. "괜찮은 사람이에요, 엄청. 좋은 사람이에요, 엄청." 화려한 말로 왜 괜찮은 사람인지 설명하지는 않지만, 이지안은 확신이 가득한 이 말을 통해 박동훈의 인생 이야기가 나락으로 떨어지지 않게 확고히 붙잡아주는 역할을 한다.

　나 역시 친구로부터 도움을 받은 적이 있다. 내가 심리학과 박사과정으로 가장 들어가고 싶었던 대학교는 서사정체성 분야의 대가인 댄 맥애덤스가 있는 노스웨스턴 대학교였지만 떨어졌다. 대신 그보다는 다소 평판이 떨어지는 (그런데 하필 이름이 비슷한) 노스이스턴 대학교에 입학하게 되었다. 정말 많이 노력해서 준비했었기 때문에 실망감이 앞섰던 게 사실이었다. 친구들에게 노스이스턴 대학교의 장점은 무엇이고 단점은 무엇이고 실망도 했고 하는 등의 이야기를 이메일로 알리자 당시 한국에서 심리학과 박사과정을 밟고 있던 대학교 친구 신민영이 이런 답장을 보내왔다. "마땅히 축하해야 할 일이야. 그렇게 여러 가지 이유를 구구절절 찾을 필요 없이 말이지. 네가 하고 싶은 것을 끊임없이 할 수 있게 되었다는 것, 더 이상 무슨 근사한 이유가 필요하겠니? 네가 다니는 학교가 '노스이스턴'이라는 게 중요한 게 아니라 그곳에 '박선웅'이라는 사람이 있다는 게 더 중요한 거 아닐까? 무엇이 전경이고 무엇이 배경인지는 네 맘속에 달려 있지." 정신이 확 들었다. 친구의 이 말은 배경 속에 묻혀버릴 뻔한 내 인생을 전경으로 끌어내주었다. 그리고 내가 다시 중심을 잡고 내 인생 이야기를 긍정적인 방향으로 이어나갈 수 있게 해주었다. 이렇게 주변 사람은 누군가의 타고난 성격을 바꿀 수는 없지만, 당사자가 보지 못하는 새로운 관점을 제시함으로써 인생 이야기를 좋은 방향으로 이끌어가도록 도와줄 수 있다.

실제로 인생 이야기를 쓰는 과정에서 주변 사람의 중요성을 보여준 연구가 많다. 그중 하나의 연구에서 참여자는 자신의 친구들과 함께 연구실에 방문하였다. 연구자는 친구들을 따로 불러 절반의 친구들에게는 참여자가 하는 이야기를 좋은 청자가 되어 열심히 들어주라고 했고, 다른 절반의 친구들에게는 딴생각을 하며 친구의 이야기에 집중하지 말라고 요청했다. 다시 말해 절반의 참여자는 자신의 이야기를 잘 들어주는 친구들에게 이야기를 했고, 다른 절반의 참여자는 딴생각을 하며 이야기에 집중하지 않는 친구들에게 이야기를 한 것이다. 참여자의 인생 이야기를 분석한 결과, 산만한 친구들에게 말해진 인생 이야기는 반대의 경우보다 덜 자세하였고 의미와 관련된 내용도 더 적었다. 좋은 인생 이야기를 쓰지 못한 것이다. 살면서 지혜로운 사람, 좋은 사람을 만나고 곁에 두어야 하는 이유는 많겠지만, 그중 중요한 이유 중의 하나가 이것이라고 나는 생각한다. 그들의 지혜와 따뜻하게 배려하는 마음이 혼자서는 쓰기 어려운 좋은 인생 이야기를 쓸 수 있도록 도와주기 때문이다.

복잡한 인생에서
온전한 나로 산다는 것

최진석이라는 철학자가 있다. 기존 대학의 틀에서 미래 사회가 필요로 하는 인재를 길러내기 어렵다고 판단한 그는 대안적 교육기관인 건명원의 초대 원장을 지내다 2019년 사단법인 '새말새몸짓'을 출범시켰다. 그 과정에서 서강대학교 철학과 교수직을 그만두었다. 명문 대학교 교수직이 주는 안정성을 포기한다는 것은 보통의 용기로 할 수 있는 일이 아니다. 아마도 미래를 이끌어갈 인재를 길러내는 것을 자신의 정체성으로 받아들였기 때문에 내릴 수 있었던 결정이 아니었을까 싶다.

각설하고, 〈세상을 바꾸는 시간 15분〉에서 최진석은 다음과 같은 말을 한다. "여러분들은 바람직한 일을 하면서 살고 계십니까, 아니면 자기가 바라는 일을 하면서 살고 계십니까? 해야 하는 일을 하면서 살고 계십니까, 아니면 하고 싶은 일을 하면서 살고 계십니까? 좋은 일을 하면서 살고 계십니까, 아니면 좋아하는 일을 하면서 살고 계십니까? 바람직한 일, 해야 하는 일, 좋은 일을 할 때 자기가 존재한다고 생각하십니까, 아니면 바라는 일, 하고 싶은 일, 좋아하는 일을 할 때 자기가 존재한다고 생각하십니까? 자기가 자기 삶의 주인으로 살 것인가, 자기가 체계의 수행자로 살 것인가 하는 것은 여러분 선택의 몫입니다."

최진석이 이 말을 통해 던지고 싶었던 메시지를 굳이 여기서 설명할 필요는 없을 것이다. 자신이 하고 싶고 좋아하고 또 바라는 일을 하기 위해 기꺼이 교수직에서 물러났으니 어쩌면 최진석은 충분히 이러한 말을 할 자격이 있는지도 모르겠다. 하지만 불행히도 삶은 생각보다 복잡하고 개인의 선택 과정에서 고려해야 할 문제는 단순히 자신이 무엇을 바라고 좋아하고 하고 싶은지 이상의 것이다.

내 연구에 참여하였던 최여진의 인생은 복잡하다. 열 살일 때 당시 여섯 살이던 남동생에게 간질이 있다는 것을 알게 되었다. 부모님은 동생을 데리고 자주 서울에 있는 병원에 가셨기 때문에 자연스레 최여진은 혼자 있는 시간이 많아졌다. 동생의 건강이 좋지 않으니 자신이라도 공부를 열심히 해야겠다는 생각을 하게 되었다. 실제로 부모님도 어린 최여진에게 많은 신뢰와 기대를 보냈는데, 그 신뢰와 기대는 큰 부담이 되었다. 자신에게 장녀 이상의 역할이 주어진 것 같아 동생이 아파서 주어진 현실이 불공평하게 느껴지기도 했다. 그러나 누나로서 감당해야 할 책임이 있고 가족의 일원으로서 동생을 돌봐야 하기 때문에 성공하기 위해 누구보다 더 열심히 공부를 했다. 다행히 좋은 약을 찾아 동생의 간질은 멈추었지만, 뇌의 발달 수준은 또래보다 한참 뒤처져 장애와 비장애의 경계에서 힘든 생활을 하고 있다. 물론 지금은 부모님이 동생을 보살피고 있지만 언젠가 그 책임이 자신에게 넘어온다는 것이 큰 걱정이고, 그래서 더 능력 있는 사람이 되고자 노력하고 있다. 바로 이것이 최여진의 현재 삶이다.

만 19세. 대학교 1학년 혹은 2학년이었을 최여진은 수험생 시절의 스트레스를 뒤로하고 대학생이 누릴 즐거움을 만끽해야 할 나이지만, 동생 때문에 마음 한편이 무겁다. 이런 최여진에게 체계의 수행자로 살지 말고 삶의 주인으로 살기 위해 하고 싶은 일, 바라는 일, 좋아하는 일을 하고 살라는 말은 너무 가혹하다. 추상적인 원칙은 구체적인 삶의 맥락에서는 힘을 잃기 쉽다. 인생 이야기를 쓴다는 것은 그 구체적인 삶의 맥락에서 의미를 찾는 것이다.

또 다른 참여자였던 서아진의 사정도 복잡하다. 서아진이 고등학생일 때 할머니 팔순 잔치에 아버지, 동생과 함께 간 적이 있다. 그런데 친척들은 이렇다 할 재산도 명예도 없는 아버지를 본 척도 하지 않았다. 서아진은 그날 자신의 인생이 단순히 자신의 것만이 아닐 수 있겠다고 느꼈다. 자신이 원하지 않더라도 결국 자신이 부모님의 명함이 되고 가족의 얼굴이 된다고 느꼈다. 그리고 태어나서 처음으로 좋은 대학교에 가고 싶다는 생각을 하게 됐다.

다른 한편으로는 친척들로 대표되는 어른들의 세계에서 성공의 기준이 되고 사람을 판가름하는 기준이 되는 돈이 싫다는 생각도 들었다. 그 전까지 서아진은 경제적 여유가 있어야 사람의 생활이 자유로워진다고 믿었고, 그래서 돈을 통한 자유를 꿈꿨다. 그러나 그날 초라한 아버지의 모습에 쏟아지는 친척들의 차가운 시선을 보면서 그들이 믿는 돈이라는 기준에 염증을 느꼈다. 그들과 같은 어른이 되지 말아야겠다는 생각과 함께 자신만 잘 살기 위해 노력하는 삶이 아니라 다른 사람들, 더 나아가 사회가 좀 더 나아지는 데 일조하는 삶을 살고 싶다는 생각을 했다. 사람들을 판가름하는 기준인 돈이나 겉모양새에 치중하며 살기보다는 스스로에게 만족하는 삶을 살고 싶다는 가치관을 세우게 됐다.

그리고 이러한 고민들 끝에 서아진은 돈보다는 일의 보람과 가치에 중점을 두고 직업을 선택하게 되었다. 또 남들이 인정하는 성공적인 삶이 아니라 남이 보기에는 어떻든 간에 자신이 어떤 사람인지 알고 스스로를 돌아보고 인정하며 부족한 부분을 찾아내어 미래에는 더 나은 사람이 될 수 있도록 도전하고 노력하는 삶을 멋있다고 생각하고 이를 추구하게 되었다. 서아진의 이야기는 이렇게 끝난다.

"내 인생이 나만의 것이 아니라는 생각과 함께, 다른 사람이 내 인생을 어떻게 평가하든 상관없다는 모순적인 태도는 적절한 명예를 추구하는 것으로 타협을 본 듯하다. 돈이라는 가치를 좇기는 싫고 그렇다고 내 멋대로 살자니 가족을 생각하지 않을 수 없어서 돈은 많이 벌지 못하더라도 최소한 사회적으로 명예가 있는 직업을 생각하고, 경제적으로 부유한 삶은 아니더라도 윤리적이고 지적인 삶을 추구하게 된 것 같다."

서아진은 단순히 자신이 살고 싶은 대로만 살지는 않기로 했다. 지켜야 할 가족들이 있기 때문이다. 그렇다고 세속적인 성공을 위해서만 살아가지도 않기로 했다. 지켜야 할 신념이 있기 때문이다. 서아진은 결국 두 극단 사이, 균형을 이루는 지점에서 자신의 정체성을 형성하였다. 누군가는 서아진의 이야기를 읽고 자신의 결정에 대한 정당화에 불과하다고 할지도 모르겠다. 마지막으로 일견 타당한 비판이기도 한 이 문제를 짚어보고자 한다.

좋은 인생은
좋은 인생 이야기로 완성된다

밀란 쿤데라는《참을 수 없는 존재의 가벼움》에서 인간은 오직 한 번 살기 때문에 자신이 내린 삶의 결정들이 옳은 결정이었는지 아닌지 확신할 방법이 없고, 옳고 그름을 논할 수 없는 삶이란 깃털처럼 가볍다는 말을 했다. 비록 누군가 자신이 어떤 사람인지 깨달았다고 생각해도 다른 방식으로 살아보지 못하는 인간으로서는 과연 그것이 진짜 자신의 모습인지 확신할 수 있는 길이 없는 것이 사실이다.

비록 관념적인 수준에서 이러한 비판이 가능하다 할지라도, 심리적인 수준에서 무엇이 자신에게 가까운 모습인지 판단할 수는 있다. 때로는 어떤 모습이 자기 자신처럼 느껴지지 않는지가 더 명확하게 다가오기도 한다. 이를 극적으로 보여주는 것이 디즈니 애니메이션 〈뮬란〉이다. 뮬란은 결혼할 나이가 되자 중매쟁이에게 일종의 면접을 보러 가서 가문의 수치가 될 것이라는 말을 듣고 돌아온다. 거울에 비친 화장기 가득한 자신의 모습을 보며 뮬란은 노래한다. "거울 속에서 나를 똑바로 응시하는 저 여자는 누구지? 왜 거울 속에 비친 모습은 내가 모르는 사람이지? 아무리 노력해도 내가 누구인지는 감출 수가 없네. 언제쯤 거울에 비친 내 모습이 내 안의 진정한 나를 보여줄까?"

자신이 진짜 누구인지 아직 정확하게 말할 수는 없지만, 적어도 좋은 아내로만 사는 것은 아님을 뮬란은 알고 있다. 좋은 아내로 사는 것이 중요하고 가문의 영광이 되는 일이라고 아무리 정당화하려고 해도 끝내 성공하지 못하는 것이다. 자신에 대한 이런 뮬란의 판단에 대해서 쿤데라의 '깃털 비판'은 여전히 유효하지만, 동시에 뮬란이 느끼는 심리적 경험이 허상이라고 말할 수도 없다. 그래서 정체성으로서의 인생 이야기란 기꺼운 마음으로 받아들일 수 있는, 즉 내면화할 수 있는 인생 이야기이다. 비록 여러 번 살지 못해서 이번 삶이 진정한 자신의 삶인지 아닌지는 확언할 수 없으나, 충분히 아름답고 의미 있는 삶이라고 느껴지면 그것으로 족한 것이다. 나는 인생 이야기로 빚어낸 정체성이 자기 정당화라는 말에는 동의한다. 하지만 이는 성공한 정당화이다.

한편, 아무리 노력해도 인생 이야기를 정당화하기가 어렵다면, 자꾸만 인생의 주제에서 벗어나는 일이 발생하고 여기저기를 둘러봐도 의미를 부여하기 힘들어진다면, 그때는 인생 자체의 경로를 바꿔야 한다. 뮬란에게는 전쟁이 나서 아버지가 군대에 징집되었을 때가 바로 그때였다. 뮬란은 다리가 온전하지 않은 아버지를 전쟁터로 보내고 자신은 누군가의 아내로 살아가는 삶에서는 도저히 자신의 인생 이야기를 써나갈 수 없어 남장을 하고 아버지 대신 전쟁터로 나간다.

실존 인물 중에서 비슷한 예를 찾자면, 제1회 '노회찬상'을 수상한 전직 판사 이탄희를 들 수 있겠다. 이탄희는 처음부터 정의로운 판사를 꿈꾸며 살았던 것은 아니지만, 일단 판사가 되고 나니 판사라는 직업에 걸맞은 소명 의식을 갖고 사는 좋은 판사가 되고 싶었다. 2017년 요직 중의 요직이라는 법원행정처로 발령받은 후 당시 대법원이 추진하고 있던 상고법원 도입에 비판적인 판사들을 견제하라는 지시를 받았고, 이때 동료 판사들을 뒷조사했던 자료가 있다는 사실도 알게 되었다. 사법농단 사건은 그렇게 세상에 알려지게 되었다. 그런 현실을 알게 된 이탄희는 더 이상 판사로서의 인생을 성공적으로 '정당화'하기가 어려워져 결국 인생의 경로를 바꾸기로 했다. 2019년 사직하며 동료 판사들에게 보낸 공개 서한에는 그 고민의 과정이 잘 담겨 있다. "지난 2년간 배운 것이 많습니다. 한번 금이 간 것은 반드시 깨어지게 되어 있다는 것, 그리고 결국 인생은 버린 사람이 항상 이기다는 것을 저는 배웠습니다. 깨진 유리는 쥘수록 더 아픕니다. 하루라도 먼저 내려놓고 다시 시작하는 것이 좋습니다." 이제 변호사로 살지만, 변호사로서 누릴 수 있는 금전적 혜택보다는 판사로서 가지고 있었던 공적인 일에 대한 자부심이 더 중요해 '공익인권법재단 공감'에서 새 삶을 시작하였다(이후 2020년 1월 더불어민주당 제10호 인재로 영입되어 21대 총선에서 당선되었다). 결국 좋은 인생 이야기를 쓰기 위해서는 좋은 인생을 살아야만 하고, 좋은 인생은 좋은 인생 이야기를 통해 완결된다.

그래서 당신의 이야기는 무엇입니까?

사람들은 살면서 인생의 길을 잃을 때 왜 사는지 묻고는 한다. 하지만 내 생각에 이 '왜'라는 질문은 그리 유용하지 않은 것 같다. 우리는 그냥 태어났으니까 사는 것이다. 〈남으로 창을 내겠소〉를 쓴 시인 김상용의 말처럼 "왜 사냐건 웃지요"라고 할 수밖에 없는 것이다. 진짜 우리가 물어야 하는 질문은 '무엇을 하며 살 것이냐'이다. 우리가 선택해서 태어나지 않았기 때문에 '왜'라는 물음에 대한 근원적인 답변은 불가능하다. 그래서 삶이 힘겨워 절실하게 존재의 이유를 찾아야 하는 누군가가 답을 찾지 못했을 때 할 수 있는 일은 결국 삶을 멈추는 것뿐이다.

하지만, 우리가 원해서 태어나지 않았을지라도 무엇을 하며 어떻게 살지는, 즉 존재의 방식은 우리 손에 쥐여져 있다. 무엇을 하며 살 것인가. 어떤 주제가 있는 이야기를 남길 것인가. 앞서 정체성이 있다는 것은 '내 인생의 주인은 바로 나'임을 천명하는 것이라고 한 이유가 바로 이것이다. 무엇을 하며 살지는 우리의 의지로 결정할 수 있다. 그래서 나는 당신의 손을 꼭 잡고 마음을 담아 묻는다. 당신은 어떤 이야기를 품은 사람이 되고 싶은가?

정체성을 찾는다는 것…

내가 나로서
다른 사람과 더불어
사는 법을 찾는 것

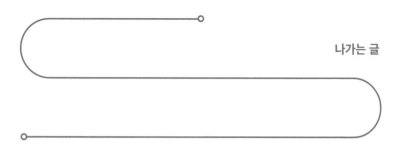

우리는 살면서 수없이 많은 이야기를 접하며 산다. 아마 오늘도 누군가로부터 이런저런 이야기를 듣고 누군가에게 이런저런 이야기를 했을 것이다. 대부분의 이야기는 이야기되는 순간 숨과 함께 증발한다. 하지만 어떤 이야기는 우리 곁에 머물며 하나의 의미로 맺힌다. 왜, 어떻게, 어떤 이야기가 우리 곁에 남게 되는지는 미스터리이다. 그 과정이야 어떻든, 우리 곁에 남은 이야기는 삶이 된다.

지은이로서 내가 바라는 가장 큰 소원은 이 책이 누군가의 이야기로 남는 것이다. 이 책이 전환점이 되어 자신의 삶을 돌아보고 자신의 삶을 살게 되었다는 이야기에 등장하는 것이다. 혹시 이것이 지나친 욕심이라면, 다음 소원은 이 책을 읽은 사람들이 글을 통해서든 다른 사람과의 대화를 통해서든 자신의 인생 이야기를 펼쳐보는 것이다. 그렇게 영혼의 자서전을 한 번 써보는 것만으로도 삶이 더 풍성해질 것이라 믿어 의심치 않는다. 만약 이것마저 과한 욕심이라면, 이 책을 읽은 사람들이 정체성이라는 세 글자만이라도 가슴에 새길 수 있기를 소원한다. 자신이 고민하는 문제가 정체성이라는 것만 알아도 분명 좋은 출발이 될 것이다.

이 책에서 다루는 인생 이야기는 유명인사나 영웅의 이야기가 아니다. 오늘도 우리 곁을 스쳐 지나갔을 평범한 사람들의 이야기이다. 나는 이 사실이 참 마음에 든다. 평범한 우리가 이렇게 좋은 이야기를 쓸 수 있다는 사실에서 왠지 모를 흐뭇함과 안도감이 느껴진다. 좋은 삶이란 어쩌면 생각보다 가까운 곳에 있을 것 같아 마음이 설렌다.

이 세상에 완벽한 삶은 없다. 최고의 삶도 없다. 그런 삶을 살아야 할 필요도 없다. 그저 자기 자신을 온전히 살아내는 삶이라면 충분히 아름다운 삶이다. 이 책을 읽은 사람들 모두 좋은 이야기가 있는 삶을 살 수 있기를 진심으로 기원한다. 마지막으로 독자 여러분이 각자의 인생 이야기를 써나가기를 바라는 마음에서 시 한 편 소개하고자 한다.

천둥[❖]

이문재

마른 번개가 쳤다.

12시 방향이었다.

너는 너의 인생을 읽어보았느냐.

몇 번이나 소리 내어 읽어보았느냐.

❖ 이문재(2014). 지금 여기가 맨 앞. 경기: 문학동네. 51쪽.

들어가는 글

1. 5쪽

김정태(2010). 스토리가 스펙을 이긴다. 경기: 갤리온.

1___장

1. 16쪽

Marcia, J. E. (1980). Identity in adolescence. *Handbook of adolescent psychology*, 159-187.

2. 16쪽

Kroger, J., & Marcia, J. E. (2011). The identity statuses: Origins, meanings, and interpretations. *Handbook of identity theory and research*, 31-53.

3. 17쪽

사회정신건강연구소(2007). 한국인의 정체성에 관한 연구. 연구보고서 제 2007-1호.

4. 17쪽

Meilman, P. W. (1979). Cross-sectional age changes in ego identity status during adolescence. *Developmental Psychology, 15*, 230-231.

5. 17쪽

Prager, K. J. (1986). Identity development, age, and college experience in women. *Journal of Genetic Psychology, 147*, 31-36.

6. 17쪽

Whitbourne, S. K., & Tesch, S. A. (1985). A comparison of identity and intimacy statuses in college students and alumni. *Developmental Psychology, 21,* 1039-1044.

7. 25쪽

스티븐 코비(2002). 소중한 것을 먼저 하라. 경기: 김영사.

2___장

1. 46쪽

Barrett, B. J., Monteza-Moreno, C. M., Dogandëžić, T., Zwyns, N., Ibáñez, A., & Crofoot, M. C. (2018). Habitual stone-tool-aided extractive foraging in white-faced capuchins, Cebus capucinus. *Royal Society Open Science, 5,* 181002.

2. 52쪽

McAdams, D. P. (1995). What do we know when we know a person?. *Journal of Personality, 63,* 365-396.

3. 59쪽

Arnett, J. J. (2000). Emerging adulthood: A theory of development from the late teens through the twenties. *American Psychologist, 55,* 469-480.

3장

1. 90쪽

김형근(1999.10.14.). <인터뷰> 「박하사탕」의 이창동 감독. 연합뉴스.
Retrieved from https://entertain.naver.com/read?oid=001&aid=0004477580

4장

1. 105쪽

Soenens, B., & Vansteenkiste, M. (2011). When is identity congruent
with the self? A self-determination theory perspective. *Handbook of
identity theory and research*, 381-402.

2. 108쪽

김호정(2011.10.03.). [J 스페셜 - 월요인터뷰] 스타 첼리스트 요요마. 중앙일보.
Retrieved from https://news.joins.com/article/6322784

3. 110쪽

전민제(2018.12.13.). [인크루트] '2018년 말말말' 올해의 유행어 1위에 '소확
행' ⋯ 영미·갑분싸·인싸·평냉도 순위권. 인크루트.
Retrieved from http://people.incruit.com/news/newsview.asp?gcd=11
&newsno=4437571&page=13

5___장

1. 129쪽

Csikszentmihalyi, M., & Beattie, O. V. (1979). Life themes: A theoretical and empirical exploration of their origins and effects. *Journal of Humanistic Psychology, 19*, 45-63.

2. 137쪽

연합뉴스TV (2017.9.12.). 고속도로 교차로에 색깔 유도선...내비게이션에도 표출. 연합뉴스TV. Retrieved from https://news.naver.com/main/read.nhn?mode=LSD&mid=sec&sid1=102&oid=422&aid=0000276635

3. 137쪽

임선영 (2019.04.01.). [단독] '노인사고 막자' 경찰 집념...횡단보도 옆 '장수의자' 탄생. 중앙일보. Retrieved from https://news.joins.com/article/23428139

6___장

1. 146쪽

고영성 (2019. 9. 6.). "자존감을 높이는 강력하고 확실한 방법 1가지". 브런치. Retrieved from https://brunch.co.kr/@bkys/1 (2020.3.18. 방문).

2. 149쪽

Baumeister, R. F., Campbell, J. D., Krueger, J. I., & Vohs, K. D. (2003). Does high self-esteem cause better performance, interpersonal success, happiness, or healthier lifestyles?. *Psychological Science in the Public Interest, 4,* 1-44.

3. 150쪽

National Association for Self Esteem(2016. 4. 19.). "Boost Your Self Esteem by taking these 3 steps." *National Association for Self Esteem.* Retrieved from https://healthyselfesteem.org/about-self-esteem/self-esteem-booster/ (2020.2.11. 방문).

4. 152쪽

Kernis, M. H. (2003). Toward a conceptualization of optimal self-esteem. *Psychological Inquiry, 14,* 1-26.

5. 155쪽

Campbell, W. K., Rudich, E. A., & Sedikides, C. (2002). Narcissism, self-esteem, and the positivity of self-views: Two portraits of self-love. *Personality and Social Psychology Bulletin, 28,* 358-368.

7___장

1. 186쪽

McAdams, D. P., Reynolds, J., Lewis, M., Patten, A. H., & Bowman, P. J. (2001). When bad things turn good and good things turn bad:

Sequences of redemption and contamination in life narrative and their relation to psychosocial adaptation in midlife adults and in students. *Personality and Social Psychology Bulletin, 27,* 474-485.

2. 190쪽

Bakan, D. (1966). *The duality of human existence: An essay on psychology and religion.* Chicago, IL: Rand Macnally.

3. 193쪽

Bauer, J. J., & McAdams, D. P. (2004). Personal growth in adults' stories of life transitions. *Journal of Personality, 72, 573-602.*

4. 193쪽

Adler, J. M. (2012). Living into the story: Agency and coherence in a longitudinal study of narrative identity development and mental health over the course of psychotherapy. *Journal of Personality and Social Psychology, 102,* 367-389.

5. 195쪽

Joo, M., & Park, S. W. (in press). Depression is associated with negativity in TAT narratives: The mediating role of agency. *Current Psychology.*

6. 199쪽

정고운, 조민수, 박선웅 (2017). 메타지각의 부정적 왜곡과 우울. 한국심리학회지: 사회 및 성격, 31, 1-14.

참고문헌   245

8___장

1. 209쪽

김효정(2017.2.6.). [포커스] 1년 만에 사직서 쓰는 신입사원들. 주간조선.
Retrieved from http://weekly.chosun.com/client/news/viw.asp?ctcd=C
02&nNewsNumb=002443100004

2. 209쪽

정재훈(2007.12.12.). 현직 직장인이 조언하는 '대학생들이 꼭 해야 할 것들'.
인크루트.
Retrieved from http://people.incruit.com/news/newsview.
asp?newsno=403508

3. 210쪽

전혜원(2019.4.10.). 현대차가 정기공채를 폐지한 진짜 이유. 시사IN.
Retrieved from https://www.sisain.co.kr/news/articleView.
html?idxno=34297

4. 216쪽

김종훈(2019.5.8.). [경향의 눈]최태원의 실험, '노동자 행복'. 경향신문.
Retrieved from http://news.khan.co.kr/kh_news/khan_art_view.
html?art_id=201905082038005

5. 216쪽

한동희(2019.7.18). 최태원 SK 회장 "사회적 가치 전도 가장 힘들었던 건 냉
소주의". 조선비즈.
Retrieved from https://biz.chosun.com/site/data/html_

dir/2019/07/18/2019071801234.html

6. 231쪽

천금주(2019.1.30.). '양승태 사법농단' 촉발시킨 이탄희 판사가 사직하며 한
말 [전문 포함]. 국민일보.
Retreived from http://news.kmib.co.kr/article/view.asp?arcid=001302
9779&code=61121311&cp=nv

KI신서 8987

정체성의 심리학

1판 1쇄 발행 2020년 7월 15일
1판 5쇄 발행 2024년 4월 12일

지은이 박선웅
펴낸이 김영곤
펴낸곳 (주)북이십일 21세기북스

디자인 박선향
출판마케팅영업본부 본부장 한충희
출판영업팀 최명열 김다운 권채영 김도연
제작팀 이영민 권경민

출판등록 2000년 5월 6일 제406-2003-061호
주소 (우 10881) 경기도 파주시 회동길 201 (문발동)
대표전화 031-955-2100 **팩스** 031-955-2151 **이메일** book21@book21.co.kr

(주)북이십일 경계를 허무는 콘텐츠 리더

21세기북스 채널에서 도서 정보와 다양한 영상자료, 이벤트를 만나세요!
페이스북 facebook.com/jiinpill21   포스트 post.naver.com/21c_editors
인스타그램 instagram.com/jiinpill21   홈페이지 www.book21.com
유튜브 youtube.com/book21pub
서울대 가지 않아도 들을 수 있는 **명강**의! 〈서가명강〉
유튜브, 네이버, 팟캐스트에서 **'서가명강'**을 검색해보세요!

ⓒ 박선웅, 2020
ISBN 978-89-509-8669-8 03190